Micky Marini

DINNER MIT DEN BOYS

Die Lieblingsrezepte der Boygroups

SPRINGER&LARDON
MedienContor

Originalausgabe
©1998 by S&L MedienContor GmbH, Hamburg
All rights reserved.
Fotos: CMA, UNION DEUTSCHE LEBENSMITTELWERKE GMBH, Dagmar Scherf
Art Direction & Satz: kahlfeldt und müller, Hamburg
Redaktion: Karin Midwer
Redaktionelle Mitarbeit: Viviane Koppelmann
Druck: De Agostini
Printed in Italy
ISBN 3-931962-54-7
Wir danken der CMA und der UNION DEUTSCHE LEBENSMITTELWERKE GMBH für die freundliche Überlassung von Fotomaterial.
Dieses Buch wurde auf chlor- und säurefreiem Papier gedruckt.
Wir schicken Ihnen gern unser Verlagsprogramm:
S&L MedienContor GmbH
Willhoop 7
22453 Hamburg

INHALT

Vorwort –
Warum ein Kochbuch mit den Boygroups?..........6
Fettnäpfchen, aufgepaßt!
Facts über Fett und gesunde Ernährung...........10

Gemüse, Salat & Co.........................12
Überbackener Ziegenkäse 13
Gefüllte Kartoffeln........................14
Kartoffel-Broccoli-Auflauf................15
Bunte Gemüsepfanne....................16
Sommer-Salat.............................17

Omelett & Co.............................18
Makkaronisalat...........................20
Gemüse-Omelett.........................22
Eierrollen mit Gemüsefüllung............24
Pilz-Speck-Eierkuchen....................26

Asiatische Spezialitäten...............28
Asiatische Yofresh-Röllchen.............30
Frühlingsrollen...........................32
Asiatische Teigtaschen...................34
Putenschnitzel süß-sauer................36
Asiatische Hähnchenschenkel...........38

Schnitzel & Co..........................40
Wiener Schnitzel.........................42
Cordon bleu..............................43
Gratinierter Wirsing mit Speck..........44
Rindersteaks, überbacken................46
Rindfleischklößchen mit Joghurtsauce...48
Rinderfiletgeschnetzeltes................50

Pizza, Pasta & Co.......................52
Tomaten-Tortellini in Knoblauchsauce
mit schwarzen Oliven und Pecorino.....54
Tagliatelle mit Auberginen und Tomaten..56
Pizza Hawaii..............................58
Antipasti..................................60
Bandnudeln mit Brunch-Knoblauchsauce...62

American Fast Food....................64
Gegrillte Hähnchenflügel mit Gemüsesauce...66
Bunter Fleischspieß......................68
Gegrillte Fischburger.....................70
Hamburger................................72
Denver-Kartoffeln mit Ei-Kräutercreme...74

Mexikanisch und Tex-Mex..........76
Chili con Carne...........................78
Salsa-Sticks mit Sancho's Dip............80
Rippchen »Diablo«.......................82
Geflügelröllchen »Juanita«...............83
Rührei »Fuego«..........................84
Tacos mit Truthahnfüllung...............85
Tortillas mit Hack-Bohnenfüllung........86
Ranchero-Salat...........................87

Desserts, Gebäck & Snacks...........88
Nuß-Waffeln..............................90
Apfel-Vanille-Torte.......................92
Zimtstangen..............................94
Kirschmuffins.............................96
Doppelmoppel............................97

Power-Drinks & Vitamin-Cocktails...98
Birnenbowle mit Zitronenmelisse.......100
Vanille-Drink mit Kirschen...............102
Würzige Johannisbeergranité............104
Errötende Aprikose......................106
Superman................................108

Register...................................110

Warum ein Kochbuch mit den Boygroups?

Die Idee scheint auf den ersten Blick ungewöhnlich, schließlich können Jungs gemeinhin nicht kochen, oder? Auf den zweiten Blick jedoch wird es plausibel: Boygroup-Jungs müssen mehr als Gleichaltrige auf ihre Fitneß achten. Sie stehen ständig unter körperlichem und psychischem Druck und verfügen bereits als Teenager über Fitneßeinsichten, die sonst nur Manager im mittleren Alter haben.

Ein paar der Boys haben nach kurzer Band-Zeit ihre Eßgewohnheiten radikal umstellen müssen, um nicht schlappzumachen. Tony von East 17 zum Beispiel oder Eloy von Caught In The Act: sie ernähren sich jetzt bewußter, essen viel frisches Obst, Gemüse, Kartoffeln und Getreideprodukte. Das gleiche gilt auch für die gesamten Mitglieder von Worlds Apart. Deren eigens eingestellter Fitneßtrainer hat als erstes den Speiseplan der Jungs radikal umgekrempelt.

> **Shane von Boyzone:**
> »Während einer Tournee ist unser Terminplan minutiös ausgetüftelt. Wir stehen früh auf, geben ein paar Interviews, dann geht's in die Halle zum Soundcheck, anschließend gibt's Essen.«

> **Benjamin von Caught In The Act:**
> »Das Schmuckstück in meiner Amsterdamer Wohnung ist der selbstgezimmerte Eßtisch. Als Tischplatte habe ich eine alte Tür verwendet, die ich auf der Straße fand. Ich habe sie mit Linoleum beklebt und mit einer Metallschiene umrandet. Als Tischbeine habe ich eine alte Regenrinne umfunktioniert, die ich grün angestrichen habe.«

Jetzt erwartet hier aber bloß keine Diät-Fibel. Die Boys sind bei allem Gesundheitsbewußtsein ganz normale Männer geblieben, die mit Lust und Vergnügen essen. Sie lieben Fast food und Omas Küche genauso wie Ethno-Food oder italienisches Essen. Sie reisen viel, sammeln sich aus allen Küchen der Welt das zusammen, was ihnen wirklich gefällt, und lassen sich in kein Raster pressen. An einem Tag gibt es Health food und am anderen dafür auch einmal Currywurst mit Pommes und Ketchup. Genuß und Fitneß sind für die Jungs nur scheinbare Widersprüche, die sich leicht auflösen lassen. Hauptsache, es schmeckt – und die Zutaten stimmen. Frische und Qualität gehen den Youngsters über alles.

Ihr seht, es gibt reichlich Gründe, die kulinarische Welt der Boys zu durchstöbern.

Arbeit macht Kohldampf

Wer hat schon eine Vorstellung, wieviel Arbeit hinter einer Tournee wirklich steckt? Die Jungs singen, spielen und tanzen auf der Bühne, als sei es ein Kinderspiel. Dabei verausgaben sie sich bis zum letzten Schweißtropfen. Bei jedem Gig trinken sie literweise Wasser. Sonst würden sie durchs Schwitzen bis zu drei Pfund an Gewicht verlieren und einen Kreislaufkollaps erleiden.

Tourneen sind verdammt anstrengend. 90 Minuten auf einer Bühne stehen – und das Tag für Tag. Morgen für Morgen wachen die Boys auf und sagen sich: »Oh no – schon wieder so ein Tag.« Und das denken sie fünf bis sechs Wochen lang – manchmal sogar länger. Dutzende von Auftritten ohne Unterbrechung. In Europa, Amerika und dem Rest der Welt: Thailand, Hongkong, Malaysia, Singapur, Japan, Australien, Neuseeland. Das bedeutet auch immer Jetlag, weil ständig Zeitzonen überflogen werden. Vor Ort dann

Bastiaan von Caught In The Act:
»Ich achte sehr auf meine Ernährung. Ich esse mehr Obst und Gemüse und weniger Schokolade und Zucker.«

> **Tony von East 17:**
> »Ich lebe sehr gesund, seitdem ich vor ein paar Jahren durch den Streß eine Krankheit nach der anderen bekam. Damals habe ich auch das Rauchen aufgegeben. Außerdem gehe ich jetzt ins Fitneßstudio, um meine Muskeln auf Vordermann zu bringen.«

Brian von den Backstreet Boys:

»Nach einer Bühnenshow, wenn ich ein Dance-Solo hingelegt habe, trinke ich Unmengen von Flüssigkeit, am liebsten Spezi und Eistee. Besonders wichtig ist mir eine gesunde Ernährung. Außerdem trainiere ich täglich, denn ich will immer so fit bleiben wie heute.«

leben die Jungs praktisch immer im Bus, der sie nachts von einer Stadt zur nächsten befördert. Jeder hat dort eine kleine schmale Koje – aber schlafen ist unter diesen Bedingungen eher Glückssache. Wenn morgens das nächste Etappenziel erreicht ist, geht es ins Hotel, und dort wird weitergeschlafen – sofern genug Zeit dazu da ist. Nachmittags gibt es immer einen Soundcheck am Veranstaltungsort. Dort wird auch gegessen. Viele Boys leisten sich für die Tournee sogar einen eigenen Koch, der immer mitreist. Ein gutes Essen im Bauch ist halt eine wichtige Voraussetzung für einen erfolgreichen Auftritt. Nach dem Auftritt gibt es manchmal noch Promotiontermine, oder man geht noch gemeinsam essen.

David von Bed & Breakfast:

»Ich bin ehrlich gesagt unfähig, eine Orange zu schälen. Kochen ist nicht mein Hobby. Zu Hause ernähre ich mich hauptsächlich von Obst, ab und zu auch von Toast mit Hüttenkäse. Wenn ich etwas Richtiges essen will, gehe ich zu meiner Mutter.«

Sehnsucht nach Zuhause

Wer sich so jung wie die Boys von Zuhause abnabeln muß, um sich dem harten Wettbewerb im Musikgeschäft zu stellen, sucht sich Ersatz. Das gemeinsame Essen nach dem Auftritt dient nicht nur dem Stillen von Hunger und Durst. In der Tischgemeinschaft erfahren die Boys Geborgenheit und Zusammengehörigkeitsgefühl. Sie finden Gelegenheit, in Ruhe miteinander zu sprechen und Sorgen loszuwerden. Gemeinsam essen bedeutet vor allem auch gemütliches Beisammensein – ein fester Orientierungspunkt, eine Insel des Vertrautseins, ein Ersatz für Zuhause. Dabei werden nebenbei auch Details für das Projekt, an dem man gerade arbeitet, besprochen und neue Pläne geschmiedet.

Die Erinnerung an Zuhause läßt sich bei jedem Menschen auch »künstlich« hervorrufen – durch Gerüche. Versucht es mal mit Zwiebeln, Speck oder Knoblauch, die ihr in der Pfanne schmoren laßt. Wißt Ihr, was ich meine? Besonders wirksam sind auch Gewürze. Die meisten Menschen haben bei Vanille und Zimt Erinnerungen an kindliche Geborgenheit: der Geruch erinnert an Backen, Mutter, Oma, Zuhause und Apfelkuchen. Doch Vorsicht: Man meint, man esse, weil man Hunger hat. Statt dessen will man nur sein Heimweh stillen, sich beruhigen und aufheitern. Auf Dauer macht das dick.

Chris von 'N SYNC:

»Die Hausarbeit, wie putzen, waschen und saugen, machen wir gemeinsam. Am Wochenende kochen wir zusammen, spielen Fußball und leben wie eine richtige Familie.«

Wenig Zeit

Wer keine Zeit hat, ißt nebenher. Der Verbrauch an Snacks – vom Riegel bis zum Gemüse-Burger – ist bei den Boys an manchen Tagen erschreckend hoch, wenn ein Videoclip gedreht oder eine neue Platte aufgenommen wird. An solchen Arbeitstagen sind Zwischenmahlzeiten die einzige Rettung. Das muß nicht unbedingt Fast food, Döner Kebap oder Würstchen bedeuten. Immer häufi-

Drinks und Snacks hinter der Bühne

Damit die Boys während ihrer Auftritte nicht verhungern oder verdursten, haben die Tour-Manager nicht nur auf perfekte Technik zu achten. Pro Gig müssen Getränke und Snacks bereitgestellt werden, die einer Party Ehre machen würden. East-17-Tour-Manager Steve Martin zählt auf: 24 Flaschen Mineralwasser, 24 Flaschen Bier, 24 Flaschen Limonade und eine Platte mit Sandwiches.

ger stillen die Boys ihren kleinen oder großen Hunger mit asiatischen Gerichten oder leichten Snacks. Ethno-Food steht auf der Beliebtheitsskala vor Burgern und Pizza! Besonders gern greifen sie auch zu kleinen Paletten von Mini-Pizzas, asiatisch anmutenden

Häppchen, extrawinzigen Burgern oder ein paar Bissen knackigem Salat. In gleichmäßigen Dosen über den Tag verteilt, stillen diese Leckereien den Hunger. Die gewohnte Dreiteilung des Tages durch Frühstück, Mittag- und Abendessen geht natürlich bei solchen Mammuteinsätzen verloren, was übrigens ernährungsphysiologisch gar nicht so schlecht ist: Fünf kleine Mahlzeiten sind nämlich besser als drei große.

Liebe geht durch den Magen
Daß Liebe und Essen in engem Zusammenhang stehen, weiß jedes Kind. Wer hat schon Lust auf einen Liebhaber mit knurrendem Magen? Und schließlich hat auch Eva ihren Adam mit einem Apfel verführt. Ein gemeinsames Essen ist aber auch eine ideale Möglichkeit, um sich näherzukommen und sich vielleicht sogar zu verlieben. Auf die Frage: »Was würdest du tun, wenn du dein Traummädchen getroffen hast?« sagen 90 Prozent der Boys: »Ich würde sie zum Essen bei Kerzenlicht einladen«.
Bastiaan von Caught In The Act verbindet gar sein erstes Mal mit Essen. Genauer gesagt passierte es beim Picknick mit seiner Freundin Naomi. Es soll unheimlich romantisch gewesen sein.

> *Eloy von Caught In The Act:*
> **»Meine Eßgewohnheiten haben sich im letzten Jahr grundlegend verändert. Ich wurde mit der Zeit immer dicker. Heute esse ich zwar genauso viel, aber anders als früher. Viel mehr Gemüse, Obst und Getreide. Wenig mageres Fleisch. Dafür ab und zu Fisch.«**

Genuß gegen Streß
Genuß und Vergnügen spielen im Leben eine zentrale Rolle; kleine Laster tun dem Menschen gut. Wissenschaftler haben den Zusammenhang zwischen Genuß und Lebensqualität untersucht. Fazit: Genuß hilft, Streß abzubauen. Wahrscheinlich einer der Hauptgründe, weshalb gutes Essen den Boys so wichtig ist. Denn so interessant ihr Leben sein mag, stressig ist es schon.
Genuß, einst der hinterhältig lauernde Feind von Fitneß und Gesundheit, hat die Seiten gewechselt. Nicht mal dick soll man dadurch werden. Amerikanische Psychologen fanden heraus, daß weniger die Nahrungsmenge und die körperliche Veranlagung, sondern mehr die grundsätzliche Einstellung zum Essen über Fettleibigkeit entscheidet.

Diät? Nein danke!
»Nein, nein – wir sind nicht auf Diät. Wir essen alles«, lautet ein Wahlspruch vieler Boys, und sie haben recht damit. Wenn sie Gewichtsprobleme haben, trainieren sie etwas intensiver im Fitneßraum oder sie legen eine Joggingrunde zusätzlich ein. Das

> *John von East 17:*
> **»Als die Band gegründet wurde, wog ich mit meinen 1,80 Meter satte 77 Kilo. Tony nannte mich Fettsack. Aber mit täglich 200 Sit-ups und 100 Liegestützen habe ich das schnell in den Griff gekriegt. Ich bin stolz, daß ich es geschafft habe.«**

erhöht den Kalorienverbrauch nachhaltig. Erstens durch die Anstrengung während des Trainings, und zweitens, weil trainierte Mus-

> *Eloy von Caught In The Act:*
> **»Bei meinen Eltern war die Küche das Zentrum des Hauses. Dort saßen wir beisammen, bereiteten gemeinsam das Essen vor und aßen dann in aller Ruhe. Das hat mich geprägt. Ich bin ein echter Hausmann. Küchendinge sind für mich selbstverständlich.«**

keln auch im Stillstand mehr Energie verbrauchen.
Klar, auch die Ernährung spielt eine Rolle. Wer Gemüse, Obst, Kartoffeln, Brot, fettarmes Fleisch und Milchprodukte ißt, wird auf gesunde Weise schlank. Dennoch lassen sich viele Menschen durch leere Versprechungen zu Crash-Diäten verführen. Das setzt einen Teufelskreis in Gang: Diät-Freaks hungern, dadurch schaltet der Körper auf Sparflamme. Wer dann wieder normal ißt, nimmt dadurch wieder zu, hungert erneut ... Damit fügt man dem Körper mehr Schaden zu, als man denkt.
In der westlichen Welt nehmen Eßstörungen zu – besonders bei Frauen, aber auch bei Männern treten sie immer häufiger auf. Anorexie (Magersucht) und Bulimie (Eß- und Brechsucht) basieren auf dem Zwang zum Gutaussehen und

> *Boy, der anonym bleiben möchte:*
> **»Ich bin ein Eß-Chaot. Ab und zu streife ich durch die Supermärkte und überlege, wie Silberzwiebeln mit Vanillejoghurt schmecken. Wenn ich den Kühlschrank öffne, bleiben meine Augen an der Senftube und den Dosenpfirsichen hängen. Schon als Kind experimentierte ich mit allen Speisen: geplatzte Bockwurst auf Marzipanbrot, Burger aus Chipsletten, Schokoladenriegeln und Gummibärchen. Nie werde ich das Gesicht des Kellners vergessen, der mir zum Frühstücksei Maggi mit Zucker servieren mußte.«**

zum Schlanksein. Durch Medien und Werbung werden wir schließlich jeden Tag manipuliert, uns dem Schlankheitsideal zu unterwerfen. Das führt zu einem ständigen Konflikt zwischen dem Impuls, viel in sich hineinzuschlingen, und dem Wunsch, schlank zu sein. Bei der Magersucht ißt man von Tag zu Tag weniger. Bei der Bulimie schaufelt man Unmengen in sich hinein, um es danach zu erbrechen. Nachdem laut Statistik jährlich 150.000 Amerikanerinnen an Eßstörungen sterben und sich die Zahl der Eßgestörten in den Industrieländern alle zehn Jahre verdoppelt, erleben Anti-Diät-Bewegungen in den USA einen regelrechten Boom. Die vermeintlich harmlosen Diäten werden mittlerweile als gefährliches Phänomen angesehen, das zu falschen Schönheitsidealen und einer krankhaften Einstellung zum Essen führt.

Ehrlich und einfach

Klar, die Boys sind reich. Wahrscheinlich haben sie mehr Millionen auf dem Konto, als wir alle ahnen. Das heißt aber nicht, daß die Jungs in teuren Edel-Restaurants verkehren. In ihre Eß-Tempel darf jeder – egal, ob in Turnschuhen oder italienischen Sneakers. Schmackhafte Küche für alle. Entscheidend ist Lust und Laune – und das Ambiente. Was auf den Tisch kommt, spielt genauso eine Rolle wie das Feeling. Der Siegeszug der italienischen Küche ist ein Beleg dafür. Noch krasser: die neue Lust an der Wurst. Das schlichte Nahrungsmittel wird immer mehr zum Symbol für Genuß. Es signalisiert Natürlichkeit und verspricht unmittelbare Befriedigung.

Am liebsten aber essen die Boys zu Hause. Sie lassen sich ihr Essen vom Lieblings-Chinesen um die Ecke kommen oder wählen die Nummer des nächsten Pizza-Service. Häufig treffen sie sich mit Freunden, um gemeinsam zu kochen.

Ihre Lieblingsrezepte sind einfach und ehrlich. Hauptsache, sie stimmen von Grund auf. Ein Beispiel: Man nehme ein Huhn und schiebe es in den Ofen. Das klingt erst mal einfach. Dahinter steckt aber eine ganze Lebensphilosophie.

> *Eloy von Caught In The Act:*
> **»Eigentlich bin ich ein echter Hausmann. Nur einmal in der Woche kommt eine Putzfrau vorbei, die aufräumt, die Wäsche bügelt und meinen Goldfisch Little füttert. Kochen tue ich hauptsächlich in der Mikrowelle: zum Beispiel überbackene Sandwiches.«**

Chris von 'N SYNC:
> **»Justin, JC und ich teilen uns die Hausarbeit untereinander auf. Wir putzen und waschen selbst und machen Küchendienst. Justins Mutter, die bei uns wohnt, hat dafür einen Haushaltsplan ausgearbeitet.«**

Frische und Qualität schmeckt man, und die bleiben nur erhalten, wenn die Transportwege kurz sind. Aber auch die Umwelt spielt eine Riesenrolle – der Apfel aus Neuseeland sieht gut aus, aber welchen ökologischen Preis zahlen wir dafür? Wenn wir statt dessen einen Apfel aus der eigenen Region essen, schmeckt er erstens besser, zweitens schonen wir die ohnehin bedrohte Atmosphäre unserer Erde und drittens sparen wir Tausende Tonnen Kerosin (Flugzeugtreibstoff) ein. Es bringt also sehr viel zusätzliche Befriedigung, wenn wir darauf achtgeben, daß die Produkte, die wir essen, keine weiten Wege zurücklegen müssen.

FETTNÄPFCHEN, AUFGEPASST!

FETT UND GESUNDE ERNÄHRUNG · FACTS

Ohne Fett geht es nicht. Fett liefert Energie, enthält und transportiert Vitamine. Deshalb ist es für die tägliche Ernährung so wichtig.

Rund 1/3 der täglichen Kalorienaufnahme sollte aus Fett stammen. Das empfehlen die Ernährungsexperten von der DGE (Deutsche Gesellschaft für Ernährung). Doch Fett ist nicht gleich Fett: Man unterscheidet zwischen tierischen Fetten (Butter, Schmalz, Butterfett) und pflanzlichen Fetten (Margarine, Pflanzenfett, Öle). Ob fest oder flüssig, tierisch oder pflanzlich – eins haben alle Nahrungsfette gemeinsam: sie sind aus gesättigten sowie einfach und mehrfach ungesättigten Fettsäuren zusammengesetzt. Was in welchem Fett drin steckt, ist je nach Sorte sehr unterschiedlich. Wie »gesund« ein Fett ist und wie es sich zum Kochen einsetzen läßt, hängt direkt von den Fettsäureanteilen ab. Von den mehrfach ungesättigten Fettsäuren ist die Linolsäure am wichtigsten. Pflanzliche Öle haben einen hohen Anteil an Linolsäure, bei tierischen Fetten ist der Anteil sehr viel geringer.

▶ Ein Steak in die Pfanne zu hauen, einen Burger brutzeln oder knackiges Gemüse auf den Tisch zu bringen, sollte eigentlich nicht so schwer sein. Ist es auch nicht, wenn man ein paar Tricks & Kniffe beherrscht. Und wenn man das richtige Fett nimmt. Einige Kochtechniken verraten wir Euch hier.
Keinen Nerv, aufwendig zu kochen? Wer seine Gäste trotzdem nicht hungrig nach Hause gehen lassen will, lädt einfach zum Barbecue ein. Grill anschmeißen, Würstchen & Co. darauf legen – los geht's. Das Fleisch wird besonders zart und saftig, wenn man es vorher mariniert, das heißt in Pflanzenöl einlegt. Für die Marinade verrührt man einfach das Öl mit Gewürzen und Kräutern. Knoblauch, Salz, Pfeffer und Paprika gehören zur Grundausstattung. Wer gern was Neues probiert, sollte mal zu Curry, Zitronensaft oder Sojasauce greifen. Das Fleisch in eine flache Schale geben und mit der Marinade bedecken. Am besten macht man dies schon einen Tag vorher. Wer keine Zeit dazu hat, pinselt einfach kurz vor dem Grillen das Fleisch mit etwas Öl ein.

Beim Fritieren denkt man sofort an Pommes. Aber auch süße Snacks für zwischendurch sind schnell gemacht. Wer gern experimentiert, kann ruhig mal Käse oder Obst im heißen Fett schwimmen lassen. Das Fett wird beim Fritieren bis zu 190°C heiß. Deshalb sollte man immer Pflanzenfett nehmen. Es ist hoch erhitzbar, geschmacksneutral und spritzt nicht. Der Fritiertopf darf nicht über zwei Drittel gefüllt sein. Sonst kann das heiße Fett leicht überschäumen.

▶ Lust auf deutsche Hausmannskost? Warum nicht mal einen Schmorbraten auf den Tisch bringen! Das ist leichter als man gemeinhin glaubt: Der Braten wird zuerst einmal im offenen Topf mit Fett angebraten. Dazu eignet sich Pflanzenfett am besten. Dann Flüssigkeit zugeben und bei geschlossenem Deckel weiterschmoren lassen. Die Garzeit beträgt ca. 1½ Stunden. Zwischendurch den Braten mit dem Bratensaft begießen. Mehr gehört nicht dazu! Ladet Euch doch einmal Freunde zum Essen ein – sie werden von Euren Kochkünsten sicher überrascht sein. (Man muß ja nicht verraten, wie einfach es in Wirklichkeit geht!)

Wer keine Zeit und Geduld hat, auf einen Schmorbraten zu »warten«, aber trotzdem Appetit auf Fleisch hat, greift zu Schnitzel & Co. Da hier wieder hohe Temperaturen angesagt sind, ist das richtige Fett gefragt. Pflanzenfett oder Pflanzenöl lassen sich hoch erhit-

DIE ABKÜRZUNGEN

ca.	=	circa
EL	=	Eßlöffel
g	=	Gramm
kg	=	Kilogramm
l	=	Liter
ml	=	Milliliter
Msp.	=	Messerspitze
TK	=	Tiefkühl
TL	=	Teelöffel

zen und sorgen dafür, daß sich die Poren schnell schließen. So werden Steaks, Frikadellen und Schnitzel außen knusprig und innen schön zart. Ein Multitalent in der Küche ist die neue Biskin Spezial Pflanzencreme. Sie ist super geeignet zum Braten, Schmoren, Dünsten, denn sie spritzt kaum und verleiht allem einen feinen Buttergeschmack. Außerdem kann man sie ideal verwenden zum Abschmelzen von Gemüse, Kartoffeln, Reis und Nudeln sowie zum Verfeinern von Saucen.

Ein weiterer Pluspunkt der Pflanzencreme: sie enthält 20 % weniger Fett als Speiseöl.

▶ Gemüse, Kartoffeln & Co. sind echtes Health food. Noch besser schmeckt es, wenn man einen Eßlöffel Margarine oder Pflanzencreme darüber gibt und im Topf schwenkt – fertig. Sieht außerdem auch gleich noch besser aus. Im Küchenlatein nennt man das Abschmelzen. Übrigens: Die Vitamine bleiben besser erhalten, wenn man das Gemüse in nur wenig Flüssigkeit im geschlossenen Topf dünstet. Dann wird vorwiegend mit Wasserdampf gegart und die Nährstoffe gehen nicht im Kochwasser verloren.

▶ Auch Salate sind richtige Vitaminbomben. Aber wer will schon auf rohem Gemüse rumknabbern? Muß man ja auch nicht – dafür gibt's schließlich Salatsaucen. Tip für Salat-Fans: Das Dressing immer gleich in größeren Mengen zubereiten und dann im Kühlschrank aufbewahren. Ob italienisches Dressing oder eine Sauce mit Joghurt und Kräutern – immer sind Pflanzenöl und Olivenöl gefragt. Schnell gemacht ist eine Sauce Vinaigrette: 3 EL Weißweinessig, 1 TL Dijonsenf und 4 EL Livio-Öl verrühren. Eine Schalotte und ein hartgekochtes Ei feinhacken und 3 EL Kräuter hinzufügen. Die Sauce wird mit Salz, Pfeffer und Zucker abgeschmeckt. Super ist auch ein Dip: 50 g Blauschimmelkäse mit 2 EL Livio-Öl und 3 EL Wasser verrühren. Dazu kommen 50 g Frischkäse, 1 feingehackte Zwiebel, 1 EL Petersilie, Pfeffer und 1 Prise Knoblauchsalz – fertig.

▶ Pizza & Pasta – soviel kennt eigentlich jeder aus der italienischen Küche. Aber auch Antipasti – das sind italienische Vorspeisen – liegen im Trend. Nur sind sie viel zu teuer, wenn man sie fertig zubereitet im Feinkostladen kauft. Dabei ist die Zubereitung ganz einfach: gedünstetes Gemüse, Käse oder Oliven in Öl einlegen, Gewürze und Kräuter dazu – fertig. Antipasti halten sich im Kühlschrank mehrere Tage und eignen sich, in ein hübsches Glas gefüllt, auch super als Geschenk. Am besten Olivenöl verwenden – das garantiert den typischen südländischen Geschmack.

▶ Was Süßes zum Abschluß einer Mahlzeit, zum Kaffee oder einfach so zwischendurch kommt immer gut. Zum Backen nimmt man am besten Margarine. Es gibt spezielle Backmargarine, die den Teig locker macht und gut aufgehen läßt. Und wer sich die eigenhändige Teigzubereitung (noch) nicht zutraut, der kann ja erst einmal Sanella Frische Teige zu Hilfe nehmen (siehe Desserts, Gebäck & Snacks).

▶ Und jetzt viel Spaß beim Kochen, Backen und Braten!

GEMÜSE, SALAT & CO

Bock auf buntes Gemüse? Einige Boys sind vorwiegend auf vegetarische Kost umgestiegen. Tony von East 17 sieht die Definition allerdings nicht so verbissen: Auch Geflügelfleisch zählt bei ihm zum Gemüse.

In Tonys knallgrün gestrichenem Haus. Der Hausherr ist beim Kochen, wobei er zur Inspiration in höllischer Lautstärke Radio hört. Musiker-Idylle in Londons Osten. John und Terry, die nach dem Rauswurf von Brian verbliebenen East-17-Mitglieder, trudeln nach und nach ein, denn heute ist gemeinsames Schlemmen angesagt. Die Jungs wissen, wenn Tony kocht, wird es fleischlos zugehen. Im Scherz schlagen sie vor, doch lieber den Pizza-Service kommen zu lassen. Doch als sie die leckeren Zutaten sehen und riechen, läuft ihnen das Wasser im Mund zusammen. Jeder hat plötzlich Appetit auf Gesundheit – knackige Körner, herzhaftes Gemüse, zarte Salatblätter. Sie knabbern Möhren, dippen Selleriestangen und albern herum.

»Brauchst du Hilfe, Tony?« John hat als erster die Finger im Gemüse und schnipselt es fachmännisch in kleine Stücke. Auch Terry legt Hand an. Selbst als eingefleischter Bratenfreund freut er sich auf Tonys Gemüse-Küche. Und gegen den Sommersalat, den es vorweg geben soll, hat er auch nichts einzuwenden.

Tony hat eine regelrechte Philosophie rund ums Essen aufgebaut. Sie basiert auf den Farben des Gemüses – eine uralte chinesische Lehre übrigens. Für Tony ist das Essen nur dann richtig ausgewogen, »wenn Rot, Grün, Gelb, Blau und Weiß vertreten sind. Dann weiß man, man bekommt alles, was man braucht«. Aber auch da drückt er gern mal ein Auge zu, denn trotz aller guten Vorsätze ist er Genußmensch geblieben. Die übrigen Bandmitglieder können sich gut mit Tonys Eßvorlieben arrangieren – weil er eben kein Prinzipienreiter ist. Manchmal, wenn sie zusammen bei McDonald's sitzen und sich Tony aus Verlegenheit einen Chicken Burger bestellt, belächeln sie ihn allerdings ein bißchen. Terry, der mit schöner Regelmäßigkeit BigMacs ordert, zog seinen Kumpel einmal auf: »Mit Vegetariern muß man diskutieren, sobald sie eine Wurstfabrik geerbt haben.«

Fast jede Band hat ihren Gemüse-Fan: bei den Backstreet Boys ist es Brian. Am liebsten ißt er nur noch Obst und Gemüse. Das bringt ihn regelmäßig in Gewissenskonflikte, weil seine Band-Kumpels fast alle große Fastfood-Liebhaber sind und alle mindestens einmal am Tag in einem Schnellrestaurant einfallen. Eloy von CITA kam auf den vegetarischen Trip, weil er abspecken mußte. 13 Kilo hat er im Laufe mehrerer Monate abgenommen. Die Diät hat er sich selbst ausgedacht: »Ich esse nur Obst, Gemüse und Schwarzbrot. Auf rotes Fleisch verzichte ich ganz. Außerdem trinke ich mindestens 5 Liter Mineralwasser am Tag.« David von Bed & Breakfast ist aus purer Verlegenheit zum »Beinah-Vegetarier« geworden. Er kann nämlich gar nicht kochen. So bleibt ihm nichts anderes übrig, als sich zu Hause hauptsächlich von Obst zu ernähren, ab und zu auch von Toast mit Hüttenkäse. »Wenn ich etwas Richtiges essen will, gehe ich zu meiner Mutter.« Auch Bastiaan von Caught In The Act achtet sehr auf seine Ernährung. Er kocht und ißt gern vegetarisch – ohne Fleisch grundsätzlich aus seinem Leben zu verbannen.

Howie von den Backstreet Boys:

»Okay, bei bestimmten Gelegenheiten kann Knoblauchatem ganz schön stören. Ein Typ von einer Plattenfirma gab mir den Tip, hinterher Petersilie oder andere Kräuter zu kauen. Das hilft total.«

(Übrigens: Auch Chlorophyll-Tabletten aus der Apotheke lindern den Geruch.)

Lee von Caught In The Act:

»Ich bin kein großer Koch, aber ich liebe es, frisches Obst und Gemüse auf den Wochenmärkten einzukaufen. Dabei muß ich aufpassen, daß ich nicht alles gleich auf der Stelle vernasche.«

Nathan von Worlds Apart:

»Seit wir einen Fitneßtrainer haben, achten wir darauf, daß wir genügend Vitamine und nicht zuviel Fett zu uns nehmen. Er zwingt uns, mehr Gemüse und weniger fettes Fleisch zu essen.«

ÜBERBACKENER ZIEGENKÄSE

Zutaten für 2 Personen

2 Ziegenkäse in Weinblättern (à 100 g)
2 große Fleischtomaten
75 ml Dante Olio Di Oliva (Olivenöl)
Salz
Pfeffer
30 g Pinienkerne
einige Basilikumblätter

1. Ziegenkäse in 6 Scheiben schneiden.
2. Tomaten waschen und in dicke Scheiben schneiden.
3. Alles in eine Auflaufform schichten.
4. Mit dem Öl begießen.
5. Mit Salz, Pfeffer und Pinienkernen bestreuen.
6. Im vorgeheizten Backofen (E-Herd: 200°C/Gasherd: Stufe 3) ca. 10 Minuten überbacken.
7. Basilikumblättchen kurz vor Ende der Garzeit auf den Käse geben.
8. Ziegenkäse heiß servieren.

☞ Überbackener Ziegenkäse schmeckt besonders gut mit frischem Baguette oder Fladenbrot.

GEFÜLLTE KARTOFFELN

Zutaten für 4 Personen

4 große Kartoffeln
65 g Crème double
1 EL feingehackter Kerbel
1 EL Schnittlauch, in Röllchen geschnitten
1 Prise Salz
schwarzer Pfeffer aus der Mühle

Eloy von Caught In The Act:

»Ich habe zwar längst wieder mein Idealgewicht von 81 Kilo erreicht. Aber ich ernähre mich weiter hauptsächlich vegetarisch.«

1. Kartoffeln säubern und unter fließendem Wasser abbürsten.
2. In Salzwasser 10 Minuten vorgaren, abgießen, auf ein gefettetes oder mit Backpapier ausgelegtes Backblech setzen und im vorgeheizten Backofen (E-Herd: 225°C/Gasherd: Stufe 4) ca. 30 Minuten backen.
3. Crème double mit Salz und Pfeffer pikant abschmecken, Kerbel und Schnittlauch unterrühren.
4. Die Kartoffeln längs aufbrechen oder aufschneiden.
5. Jeweils die mit Kräutern verfeinerte Crème double einfüllen.

☞ Die Gefüllten Kartoffeln schmecken solo oder auch zu gebratenem Fisch oder gegrilltem Fleisch.

KARTOFFEL-BROCCOLI-AUFLAUF

Zutaten für 2 Personen

500 g gekochte Kartoffeln
1 TL Margarine
Salz
Pfeffer aus der Mühle
50 g Gouda
1 Dose Broccolicreme-Suppe
(z. B. von Unox)

1. Kartoffeln pellen und in dünne Scheiben schneiden.

2. Die Hälfte der Scheiben in eine gefettete Auflaufform geben, salzen und pfeffern.

3. Käse reiben und die Hälfte über die Kartoffeln verteilen.

4. Die restlichen Kartoffelscheiben darauf schichten, nochmals leicht salzen und pfeffern und die Broccolicreme-Suppe darübergießen.

5. Mit dem restlichen Käse bestreuen und im vorgeheizten Backofen bei 200–225°C (E-Herd) bzw. Stufe 3–4 beim Gasherd ca. 30 Minuten überbacken.

☞ Dazu schmeckt ein Tomatensalat.

BUNTE GEMÜSEPFANNE

Arzt empfahl Ernährungsumstellung

Tony von East 17 ist nicht umsonst zum »Beinahe-Vegetarier« geworden. Eine Serie von körperlichen Zusammenbrüchen zwang ihn dazu, gesünder zu leben. Wiederholt litt er unter Lungenentzündungen. 1994 zog er die Konsequenz: »Ich lebe jetzt sehr gesund«, sagt er, »morgens gibt es nur noch Müsli. Alkohol und Zigaretten sind tabu.« Auch hilft ihm die bewußte Ernährung dabei, mehr Sensibilität für seinen Körper zu entwickeln. Er spürt jetzt besser, was gut und was schlecht für ihn ist.

Zutaten für 4 Personen

1 Zwiebel
1 Knoblauchzehe
2 mittelgroße Zucchini
1 rote, 1 gelbe Paprikaschote
125 g Zuckerschoten
25 g Biskin Spezial
Salz
schwarzer Pfeffer, frisch gemahlen
100 ml Gemüsebrühe
1 Glas Raguletto Klassische Art
1 Bund Basilikum

1. Zwiebel und Knoblauch pellen und fein würfeln. Restliches Gemüse putzen und waschen. Zucchini in Scheiben, Paprikaschoten in Würfel schneiden.

2. Zuckerschoten je nach Größe halbieren. Biskin Spezial in einer Pfanne erhitzen und die Zwiebel- und Knoblauchwürfel darin andünsten.

3. Zucchini und Paprika zufügen und bei gelegentlichem Wenden 3 Minuten garen. Dann die Zuckerschoten zufügen und weitere 3 Minuten garen.

4. Gemüse mit Salz und Pfeffer würzen und die Gemüsebrühe angießen.

5. Alles aufkochen lassen. Raguletto zufügen, untermischen und erwärmen.

6. Die Gemüsepfanne nochmals mit Salz und Pfeffer abschmecken.

7. Zum Schluß das grob gehackte Basilikum darüberstreuen.

☞ Probiert doch einmal Knoblauchbrot dazu!

SOMMER-SALAT

Bastiaan von Caught In The Act:
»Bei Familienfesten zu Hause habe ich beobachtet, daß der Salat besser schmeckt, wenn man die Salatschüssel vorher mit einer halbierten Knoblauchzehe ausreibt.«

Zutaten für 4 Personen

1 EL Blütenhonig
4 kleine Zucchini
1 kleiner Friséesalat
250 g Kirschtomaten
1 kleines Bund Brunnenkresse
1 TL gehacktes Koriandergrün
4 El Sojasauce
3 EL Zitronensaft
4 EL Raps-Speiseöl
Salz
Pfeffer

1. Zucchini, Friséesalat, Kirschtomaten und Brunnenkresse säubern.

2. Zucchini in dünne Scheiben schneiden, Salat in Stücke zupfen, Tomaten halbieren, Brunnenkresse abzupfen.

3. Alle Zutaten auf 4 Teller verteilen. Koriandergrün, Blütenhonig, Sojasauce, Zitronensaft und Rapsöl verrühren, mit Salz und Pfeffer würzen.

4. Salat mit dem Dressing beträufeln.

☞ Dazu paßt Stangenweißbrot.

OMELETT

Eierkuchen, Spiegeleier und Rühreier sind Männersache. Das können alle Jungs auf der Welt in der Küche am besten. Meist besser als Frauen. Wen wundert's also, daß Eier in der täglichen Ernährung bei den Boys eine Hauptrolle spielen?

Habt Ihr auch schon beobachtet, daß bei Eierspeisen immer die Männer den Kochlöffel in die Hand nehmen – Väter, Brüder, Freunde? Warum das so ist, steht in den Sternen. Weil sie nichts anderes können?! Vielleicht aber auch, weil sie wissen, daß das Ei zu den wertvollsten Nahrungsmitteln gehört. Zehn Prozent unseres täglichen Eiweißbedarfs wird bereits durch ein Hühnerei gedeckt. Es enthält aber auch leicht verdauliches Fett, viel Vitamin A und B, Mineralstoffe und Spurenelemente.

Aber es gibt noch einen plausibleren Grund für die männliche Vorliebe fürs Ei. Mit kaum einem anderen Lebensmittel kann man nämlich so unkompliziert und effektiv die verschiedensten Gerichte zaubern. Ohne große Planung und Vorbereitung. Ein paar Eier im Kühlschrank, Gewürze und Kräuter bei der Hand, eventuell Mehl und ein paar Extras – und im Handumdrehen kann aufkommender Hunger gestillt werden. Appetit auf Süßes genauso wie Appetit auf Pikantes.

Kein Wunder, daß gerade die Väter unter den Boys die größten Eierspeisen-Spezialisten geworden sind: Tony, John und Terry von East 17. Neben ihrer eigentlichen Arbeit unternehmen die drei Musiker Ausflüge zum Kinderspielplatz – und kochen hinterher, wenn's sein muß. »Manchmal übernehme ich auch das Einkaufen«, erklärt John lachend. »Als Vater habe ich keine andere Wahl.« Bezüglich seiner kulinarischen Fähigkeiten zeigt er Bescheidenheit. »Es ist einfache Hausmannskost«, meint er. »Am besten sind meine Rühreier. Lecker und nahrhaft, aber ganz schlicht.« Kein Problem, die East-17-Kids stehen drauf. Sicher ist: Die Kleinen werden sich das Eierkochen genauso von ihren Daddys abgucken, wie die von ihren Vätern oder Großvätern.

Die meisten Boys denken, wenn es um Eierspeisen geht, eher an die eigene Ernährung. Florian von Bed & Breakfast: »Mein Bruder Fabian und ich sind wahre Eier-Fans. Schon immer gewesen. Meine Oma hat uns die meisten Tricks beigebracht. Zum Beispiel, wie man einen Eierkuchen durch die Luft wirbelt, wendet und mit der Pfanne wieder auffängt.«

Das Wenden verlangt freilich etwas Akrobatik. Wer den Bogen raus hat, mag den Pfanneninhalt nach guter alter Sitte mit kühnem Schwung in die Luft werfen und gleichzeitig herumdrehen. Vorsicht, daß nicht zuviel heißes Fett dabei herumspritzt! Weniger Geschickte bedienen sich besser eines breiten Bratenwenders.

Eierkochen wäre eine pure Spaßsache, wenn da nicht die vielen Warnungen wären: Vor-

& CO

sicht, Salmonellengefahr! Fakt ist: Wer mit Eiern hantiert, muß sauber vorgehen. Nur frische Eier benutzen. Angeknackte Eier sofort ausmustern. Und was hat es mit dem angeblich so bedrohlichen Cholesteringehalt auf sich? Eines ist richtig: Der Fettstoff Cholesterin ist im Eidotter mit etwa 260 mg pro Ei besonders üppig vertreten. Das ist an sich nicht schlimm. Ein Zuviel wird normalerweise vom Körper ausgeschieden. Manche Menschen haben aber dennoch Probleme mit ihrem Cholesterinspiegel, weil ihr Stoffwechsel gestört ist. Für alle anderen gilt Entwarnung.

Braune Schale, gelber Dotter ...

... sind kein Erkennungszeichen gesunder Landeier. Die Farbe der Schale ist abhängig von der Hühnerrasse – sie sagt nichts darüber aus, ob das Ei von »glücklichen« Freilandhühnern oder »traurigen« Batteriehühnern kommt. Wer also gesunde Eier will, sollte aufs Etikett achten. Auch die Farbe des Dotters sagt nichts über die Hühnerhaltung aus. Sie läßt sich durch Futterbeimischungen beeinflussen: Je mehr Provitamin A (auch Carotin genannt – der Stoff, der u.a. Karotten die schöne Farbe gibt) den Körnern beigefügt ist, desto gelber ist der Dotter.

MAKKA

RONISALAT

Zutaten für 4 Personen

4 hartgekochte Eier
125 g Makkaroni (in Stücke gebrochen)
½ Tasse Stangensellerie (kleingehackt)
¼ Tasse gehackte Petersilie
½ Tasse feingeschnittene Schalotten
½ Tasse Mayonnaise
2 TL Senf
¾ TL Salz
1 Prise Pfeffer
1 Tomate

1. Die Makkaroni in Salzwasser kochen, bis sie weich sind.
2. Auf einem Sieb abtropfen und abkühlen lassen.
3. Jedes Ei in Achtel schneiden.
4. Acht Stücke zum Garnieren aufbewahren, die restlichen Eistücke mit den Makkaroni, den Selleriestücken, der gehackten Petersilie und den kleingeschnittenen Schalotten vermischen.
5. Mayonnaise, Senf, Salz und Pfeffer zugeben und leicht unterheben.
6. In den Kühlschrank stellen.
7. Mit Tomatenachteln und den restlichen Eierachteln garniert servieren.

Bastiaan von Caught In The Act:

»Für Pfannkuchen würde ich fast alles geben. Dazu trinke ich am liebsten ein großes Glas Milch.«

MÜSE-OMELETT

Zutaten für 2 Personen

4 Eier
½ Bund Basilikum
200 g kleine, vollreife Tomaten
100 g Ziegenfrischkäse
1 EL Milch
Salz
Pfeffer
ca. 2 EL Butterschmalz zum Braten

1. Das Basilikum waschen, trockenschütteln und die Blättchen von den Stielen zupfen. Etwa 1 Teelöffel feinhacken.

2. Die Tomaten waschen, die Stielansätze entfernen und in ½ cm dicke Scheiben schneiden. Den Ziegenkäse ebenfalls in Scheiben schneiden.

3. Die Eier aufschlagen, mit Milch, dem gehackten Basilikum, Salz und Pfeffer mit einer Gabel kurz vermengen. Nicht öfter als 4–5 mal schlagen, da die Masse sonst zu schaumig wird.

4. Eine Pfanne hoch erhitzen, das Butterschmalz darin erwärmen und die Eimasse schnell in die Mitte der Pfanne gießen.
Mit einer Gabel die Masse gleichmäßig ruhig von außen nach innen rühren, bis die Eimasse halb gestockt ist. Dann an der Pfanne rütteln, damit sich das Ei gleichmäßig verteilt.

5. Die Pfanne bei reduzierter Hitze noch einige Sekunden auf dem Herd stehen lassen, dann das Omelett mit einem Pfannenwender oder mit dem Deckel umdrehen.

6. Das Omelett mit Tomaten, Käse und Basilikumblättern belegen, den Deckel auflegen und das Omelett etwa 1 Minute weiter braten.

7. Das Omelett auf eine vorgewärmte Platte gleiten lassen.

EIERROLLEN

Steve von Worlds Apart:

»Früher habe ich mich an Eiern fast bewußtlos gegessen! Es begann jeden Morgen mit dem schönen englischen Frühstück: zwei Spiegeleier, Speck und Wurst dazu. Dazu kamen je nach Laune noch weitere Eier in die Pfanne. Mittlerweile gehe ich bewußter mit Eiern um. Um so mehr weiß ich sie zu schätzen.«

MIT GEMÜSEFÜLLUNG

Zutaten für 4 Personen

(8 Eierrollen)

Für den Pfannkuchenteig:
100 g Mehl
⅛ l Wasser
3 Eier
¼ TL Salz

Für die Füllung:
80 g Zwiebeln
2 Zehen Knoblauch
250 g Weißkraut
200 g Möhren
80 g Stangensellerie
100 g Lauch
4 EL Pflanzenöl
Salz
schwarzer Pfeffer aus der Mühle
1 EL Petersilie, fein gehackt
Butter zum Braten und Ausbacken
Petersilie zum Bestreuen

1. Das Mehl in eine Schüssel sieben und mit Wasser, Eiern und Salz zu einem glatten Teig verrühren. Den Teig ca. 30 Minuten quellen lassen. Für die Füllung die Zwiebeln und den Knoblauch schälen und fein hacken. Das Weißkraut in feine Streifen schneiden. Die Möhren schälen, den Stangensellerie putzen und in dünne Streifen schneiden. Den Lauch putzen, waschen und ebenfalls in dünne Scheiben schneiden.

2. Das Öl in einer entsprechend großen Pfanne erhitzen, die Zwiebel- und Knoblauchwürfel zufügen und glasig anschwitzen. Das vorbereitete Gemüse in die Pfanne geben, kurz mitdünsten lassen und die Hitze reduzieren. Das Gemüse ca. 10–12 Minuten dünsten, mit Salz und Pfeffer abschmecken und mit der Petersilie bestreuen.

3. Eine Pfanne dünn mit etwas zerlassener Butter auspinseln und nacheinander 8 dünne Pfannkuchen von ca. 20 cm Durchmesser backen. Die Pfannkuchen auf einer Arbeitsfläche auslegen und die Füllung darauf verteilen. Zuerst die Längsseiten bis zur Mitte über die Füllung legen, dann aufrollen. Die Butter in einer Pfanne zerlassen, die Eierrollen hineingeben und rundherum kurz goldgelb ausbacken. Mit der gehackten Petersilie bestreuen.

☞ Dazu einen Feldsalat servieren.

Lance von 'N SYNC:
»Am liebsten esse ich Eier zum Frühstück: Rühreier mit Zwiebeln und Speck.«

Mikey von Boyzone:
»Die leckersten Eier habe ich beim Dreh eines unserer Videos in Mexiko gegessen. Es war ein Omelett mit Zwiebeln und winzig klein geschnittenen Chilischoten, die's in sich hatten.«

PILZ-SPECK-EIERKUCHEN

Zutaten für 4 Personen

(4 Eierkuchen)

6 Eier
150 g Mehl
75 ml Milch
1 EL frischen, gehackten Oregano
(Alternative: ½ TL gerebelten Oregano)
Salz
500 g deutsche Pilze (Pfifferlinge oder Champignons)
100 g Frühstücksspeck in Scheiben
1 dicke Zwiebel
schwarzer Pfeffer
Butterschmalz zum Braten

1. Die Eier trennen, Eigelb mit dem Mehl, der Milch, einer Prise Salz und dem Oregano glattrühren.

2. Die Pilze putzen und in Scheiben schneiden.

3. Den Frühstücksspeck in fingerbreite Streifen schneiden.

4. Die Zwiebel abziehen und in dünne Ringe schneiden. Das Eiweiß zu steifem Schnee schlagen und unter die Eigelbmasse heben.

5. In einer beschichteten Pfanne etwas Butterschmalz zerlassen.

6. Ein Viertel Speck und Zwiebeln in die Pfanne geben und die Zwiebeln glasig werden lassen. Ein Viertel der Pilze zugeben und braten, bis alle ausgetretene Flüssigkeit verdampft ist.

7. Eine große Kelle Eierkuchenteig über den Pilzen verteilen und den Eierkuchen bei mittlerer Hitze goldbraun braten. Mit Hilfe eines Tellers oder des Deckels vorsichtig wenden und von der zweiten Seite ebenfalls goldbraun braten.

8. Den Eierkuchen warm stellen, die restlichen Pfannkuchen ebenso backen.

ASIATISCHE SPEZI

Die asiatische Küche verbindet Genuß mit Wohlbefinden und Fitneß. Das beste daran: Man kann den ganzen Tag leckere Kleinigkeiten naschen, hat niemals Hunger und leidet nie unter Völlegefühl. Kein Wunder, daß so viele Boys auf Asien-Schmaus stehen.

Caught In The Act beim Kochen in Bens Amsterdamer Wohnung. Ben will ein Rezept seiner Großmutter ausprobieren. Sie war Malerin und hat eine Weile in Singapur gelebt. Von dort brachte sie viele tolle Rezepte nach Europa. Der Wok steht schon auf der Gasflamme in der Küche. Ein paar in Ingwer, Sojasauce und Sherry marinierte Hühnerbrüste warten in einer Schüssel neben dem Herd. Dazu soll es Chilis, Zwiebeln, Paprikaschoten, Bambussprossen und Erdnüsse geben. Und natürlich Reis. Bastiaan pellt die Erdnüsse, Lee schneidet Zwiebeln, Eloy macht sich an die Paprikaschoten. Zum Schluß kommen die Chilis. Ohne zu überlegen, leckt Eloy sich die Finger, dann flucht er: »Mensch, sind die scharf!« Ben reicht ihm Brot, das hilft gegen die Schärfe.

Ben hat asiatisches Essen schon als Kind kennen- und liebengelernt. Die Basis seiner Gerichte sind Gemüse, die man im Garten oder im Gemüsefach des Kühlschranks hat. Dazu Ingwer, eventuell Zitronengras, Zitronenblätter und Koriander, und natürlich Sojasauce. »Damals habe ich von Rezepten nicht viel gehört. Ich habe meiner Großmutter zugeguckt. Wenn ich allein war und Hunger hatte, schnippelte ich mir einfach irgend etwas in den Wok. Es hat immer geschmeckt.«

Auch Kofi von Bed & Breakfast steht auf chinesisches Essen. Im Restaurant oder selbstgemacht. Er steht auf Fleisch – am liebsten süß-sauer. Das Kochen hat er sich selbst beigebracht. »Kochen im Wok ist so wunderbar einfach.«

Das ist wahrscheinlich der Hauptgrund, weshalb gerade Männer so gern asiatische Gemüsepfannen brutzeln. Dabei ist die asiatische Küche eigentlich viel vielfältiger, und manchmal verlangt sie sehr viel Geschicklichkeit – man denke nur an die kunstvollen japanischen Sushi-Häppchen. Sushi-Köche müssen viele Jahre lang lernen, bis sie ihr Handwerk beherrschen.

Genaugenommen gibt es keine »asiatische Küche«. Ebensowenig, wie es eine »europäische Küche« gibt. Was bitte hat Smørrebrød mit Paella, Wiener Tafelspitz, Moussaka oder Coq au vin zu tun? Und so ist es natürlich auch in Asien. Scharf gewürzte indische Gerichte unterscheiden sich erheblich von japanischen Speisen, deren Raffinesse vor allem im Eigengeschmack der Lebensmittel besteht. Und die aromatische Feurigkeit der thailändischen Küche hat mit der milden chinesischen Peking-Küche kaum etwas gemein.

Was die asiatische Küche verbindet, ist der Reis. Rund 10.000 Sorten sind bekannt. Frisches Gemüse und Fleisch werden meist schonend mit wenig Öl im Wok gegart. Schwere Saucen sind nahezu unbekannt. Die Japaner haben eine große Lebenserwartung. Könnte sein, daß es u. a. an der gesunden Ernährung liegt.

Asiatisches Essen erlebt zur Zeit einen wahren Boom in westlichen

...ALITÄTEN

Angst vor Stäbchen?

Kevin von den Backstreet Boys hatte anfangs große Probleme mit chinesischem Essen. Er blieb immer hungrig dabei, denn er konnte nicht gut genug mit Stäbchen umgehen. Auf der anderen Seite traute er sich nicht, nach Löffel und Gabel zu verlangen. »Ich hatte zu hohe Ansprüche an mich selbst«, meint er jetzt. »Ich dachte, ich müßte jedes einzelne Reiskorn mit den Stäbchen aufpicken. Bis ich beobachtete, wie Chinesen essen. Sie nehmen die Suppenschüssel zu den Lippen und schlürfen die Flüssigkeit einfach aus. Große Fleischstückchen nehmen sie in die Hand und knabbern das Eßbare ab.« In dem Moment verlor Kevin seinen übergroßen Respekt vor den Stäbchen. Probiert es doch selbst einmal aus – dann macht es Euch sicher bald genauso viel Spaß!

Ländern. Vielleicht, weil sowohl Vegetarier als auch Fisch- und Fleisch-Fans hier voll auf ihre Kosten kommen. Die Botschaft der asiatischen Küche heißt: Für jeden etwas. Wer's scharf mag, sagt es bei der Bestellung an oder würzt hinterher einfach mit einer Chili-Sauce nach. Auch wer's lieber mild hat und den Eigengeschmack will, ist gut bedient. Damit garantiert jeder zufriedengestellt wird, geben immer mehr Restaurants den Nationalcharakter ihrer Küche auf und servieren statt dessen eine kulinarische Hitparade der verschiedenen Länder. Ein bißchen Thai, ein bißchen China, Vietnam, Korea oder Japan – alles, was das Herz begehrt. Worüber Fans exotischer Reize jubeln, ist allerdings ein Graus für Feinschmecker. Ihr Argument: Subtile Feinheiten fallen bei diesem Potpourri unter den Tisch. Sogar die Fertiggerichthersteller bieten in ihrem Ethno-Sortiment diverse Spezialitäten an – von Nasi Goreng über Chop Suey bis Curry-Huhn.

ASIATISCHE

Howie von den Backstreet Boys:
»Ich koche meistens und gern selber – sehr häufig orientalisches Essen. Ich liebe Gewürze, und manchmal kann es für mich gar nicht feurig genug sein.«

YOFRESH-RÖLLCHEN

Zutaten für 4 Personen

1 kleines Stück Ingwer (ca. 25 g)
1 Knoblauchzehe
1 EL Sesamöl
1 EL Biskin-Öl
1 Tasse Basmatireis
Salz
100 g Tiefseekrabbenfleisch
4 EL Yofresh Gurke-Möhre
20 Blätter Reispapier
½ Bund Koriander

1. Für die Füllung Ingwer und Knoblauch schälen.

2. Knoblauch fein hacken. Öl in einem Topf erhitzen. Reis, Ingwer und Knoblauch darin andünsten.

3. 2 Tassen Salzwasser angießen, alles kurz aufkochen und bei schwacher Hitze ca. 15 Minuten quellen lassen, bis das Wasser ganz aufgenommen ist.

4. Das Ingwerstück entfernen und den Reis auskühlen lassen. Krabbenfleisch und Yofresh unterrühren.

5. Reispapierblätter nebeneinander auf eine feuchte Arbeitsfläche legen, mit kaltem Wasser einsprühen und kurze Zeit warten, bis sie geschmeidig sind.

6. Koriander waschen, trockenschütteln und die Blätter abzupfen. Korianderblätter auf dem Reispapier verteilen.

7. Auf jedes Reispapierblatt 2–3 Teelöffel der Füllung geben, die Seiten darüberschlagen und die Reispapierblätter vorsichtig, aber fest aufrollen.

8. Die Röllchen auf einer Platte anrichten und mit Koriander garniert servieren.

☞ Tip: Dazu schmeckt eine Chilisauce.

Reis gehört einfach dazu

Reis ist eine Beilage, die schon vor 12.000 Jahren gegessen wurde. Mit seinem Gehalt an Mangan, einem Spurenelement, hilft er dem Körper bei der Verdauung und Entgiftung des Stoffwechsels. Darüber hinaus liefert Reis wichtige Ballaststoffe – sofern er als Naturreis, also mit dem Häutchen verzehrt wird.

FRÜHLINGSROLLEN

Zutaten für 4 Personen

(12 Stück)

25 g Glasnudeln
1 dünne Stange Porree
1 große Möhre
100 g rote Paprikaschoten
½ Bund Koriander
250 g Rinderhack
2 EL Biskin Spezial Pflanzencreme
1 Dose Sojabohnenkeime (425 ml)
6 EL Sojasauce
Salz
Chilipfeffer
1 TL frisch geriebener Ingwer
24 Reisteigplatten
Zum Fritieren: Biskin Pflanzenfett

1. Glasnudeln kurz in kochendes Wasser geben, abgießen und in ca. 4 cm lange Streifen schneiden.

2. Von dem Porree 3 lange Blätter abtrennen. Den restlichen Porree sowie die Möhre und den Paprika putzen und waschen. Beides in ca. 4 cm lange feine Streifen schneiden.

3. Koriander waschen und fein schneiden. Das Hackfleisch in heißem Biskin Spezial knusprig braun und krümelig braten. Die Glasnudeln und das kleingeschnittene Gemüse sowie Sojakeime zufügen, untermischen und kurz andünsten.

4. Alles mit Sojasauce, Salz und Pfeffer sowie Ingwer pikant abschmecken. Zum Schluß den Koriander unterheben.

5. Jeweils 2 Reisteigplatten übereinander kurz in Wasser einweichen, dabei einmal wenden. In die Mitte 2 EL der Füllung geben.

6. Die Längsseiten der Reisplatten leicht darüberklappen und die Frühlingsrollen aufrollen. Die Porreeblätter längs in 4 Streifen schneiden, kurz in kochendes Wasser tauchen und die Frühlingsrollen damit umwickeln.

7. Pflanzenfett in einem großen Topf oder einer Friteuse auf 175°C erhitzen und die Frühlingsrollen darin portionsweise ca. 6 Minuten fritieren. Mit einer pikanten süß-sauren Sauce und einigen Gurkenscheiben servieren.

Schelim Hannan von Worlds Apart:

»Natürlich liebe ich asiatisches Essen. Bei uns zu Hause ist orientalisches Essen die Hausmannskost. Wir stammen ja aus Bangladesh und sind von Haus aus Moslems. Ich praktiziere zwar nicht, würde aber trotzdem niemals Schweinefleisch essen.«

ASIATISCHE TEIGTASCHEN

Zutaten für 10 Teigtaschen

75 g Shii-Take Pilze
1 kleine rote Paprikaschote
75 g Lauch
100 g Sojabohnensprossen
250 g Hähnchenbrustfilet
Salz
Pfeffer aus der Mühle
4 EL Pflanzenöl
3 EL Sojasauce
1 TL Sambal Oelek
1 Packung Sanella Frische Teige »Pizzateig«
1 Ei

1. Pilze putzen und kleinschneiden. Paprikaschote und Lauch putzen und waschen. Die Paprikaschote in feine Streifen, den Lauch in dünne Ringe schneiden. Die Sprossen waschen und gut abtropfen lassen.

2. Das Hähnchenbrustfilet abspülen, trockentupfen, in kleine Würfel schneiden, salzen und pfeffern.

3. Öl in einer Pfanne erhitzen und die Hähnchenwürfel darin rundherum braun anbraten. Das Gemüse zufügen und ca. 5 Minuten mitdünsten. Mit Sojasauce und Sambal Oelek abschmecken. Erkalten lassen.

4. Den Pizzateig auf einer leicht bemehlten Arbeitsfläche dünn zu einem Rechteck von 40 x 50 cm ausrollen und anschließend zu 10 Rechtecken von 10 x 20 cm schneiden.

5. Das Ei trennen. Die Teigränder mit Eiweiß bestreichen. Die Füllung auf die untere Hälfte der Teigrechtecke geben, die unbelegte Seite darüberklappen, die Ränder fest andrücken.

6. Die Teigtaschen auf ein mit Backpapier ausgelegtes Blech setzen, mit verquirltem Eigelb bestreichen.

7. Im vorgeheizten Backofen bei 200°C (Gasherd: Stufe 3) ca. 20 Minuten goldbraun backen.

Ronan von Boyzone:

»Ich liebe chinesisches Essen. Es ist so schön geschmackvoll und dabei so gesund.«

PUTENSCHNITZEL SÜSS-SAUER

1. Die Putenschnitzel trockentupfen, salzen und pfeffern. Das Ei auf einem Teller verquirlen, die Kokosflocken auf einen zweiten geben. Die Putenschnitzel zunächst in Ei, dann in den Kokosflocken wenden.

2. Biskin Spezial Pflanzencreme in einer großen Pfanne erhitzen und die Putenschnitzel darin von jeder Seite ca. 4 Minuten golbraun braten.

3. Inzwischen die Zwiebel und den Knoblauch schälen und fein hacken. Die Chilischote längs aufschneiden, die Kerne entfernen und fein würfeln. Paprika und Lauch putzen und waschen. Paprika in feine Streifen, Lauch in dünne Ringe schneiden. Ananasscheiben in kleine Segmente zerlegen.

4. 1 El Pflanzencreme in einem Topf erhitzen. Zwiebel, Knoblauch und Chilischote darin andünsten. Mit $1/8$ l Wasser ablöschen. Ananassaft, Essig, Zucker und Ketchup zufügen. Alles kurz aufkochen lassen. Gemüse und Ananasstücke zufügen und ca. 3 Minuten bei mittlerer Hitze mitgaren.

5. Die Kartoffelstärke mit etwas kaltem Wasser glattrühren, zur Sauce geben und alles nochmals kurz aufkochen lassen. Die Sauce mit Salz und Pfeffer abschmecken.

6. Die Putenschnitzel mit der Sauce auf Tellern anrichten und nach Belieben mit Knoblauchblüten garnieren.

☞ Dazu paßt Reis. Besonders lecker: thailändischer Duftreis.

Zutaten für 4 Personen

4 Putenschnitzel (à 150 g)
Salz
weißer Pfeffer
1 Ei
50 g Kokosflocken
50 g Biskin Spezial Pflanzencreme

Für die Sauce:
1 Zwiebel
1 Knoblauchzehe
1 rote Chilischote
1 kleine rote Paprikaschote
50 g Lauch
2 Scheiben Ananas aus der Dose
1 EL Biskin Spezial Pflanzencreme
$1/8$ l Ananassaft
5 EL Weißweinessig
3 EL Zucker
5 EL Tomatenketchup
Salz
Pfeffer
1 EL Kartoffelstärke
Knoblauchblüten zum Garnieren

Florian von Bed & Breakfast:
»Ich esse für mein Leben gern Chinesisch, vor allem, wenn Kofi kocht.«

JC von 'N SYNC:
»Neben American Fast Food und Mexikanisch ist Chinesisch mein Lieblingsessen. Das Gute dabei: Man bekommt es überall auf der Welt. Am liebsten esse ich Hähnchen!«

ASIATISCHE HÄHNCHENSCHENKEL

Zutaten für 4 Personen

1 Chilischote
5 EL Biskin-Öl
Saft von 2 Limonen
Salz
weißer Pfeffer, frisch gemahlen
1 Msp. gemahlener Ingwer
8 Hähnchenunterschenkel à ca. 100 g
4 EL Mehl
2 Eier
ca. 50 g Kokosraspel
Zum Fritieren: Biskin Pflanzenfett
2 Mangos
2 EL Chilisauce
1 Prise Zucker

1. Für die Marinade die Chilischote halbieren und fein hacken. Mit dem Öl und dem Saft von 1 Limone verrühren, mit Salz, Pfeffer und Ingwer würzen.

2. Das Hähnchenfleisch waschen, trockentupfen und in der Marinade 2 Stunden durchziehen lassen. Herausnehmen, trockentupfen und mit Mehl bestäuben. Dann in verschlagenem Ei und in den Kokosraspeln wenden. Biskin in einer Friteuse oder einem großen Topf auf 170°C erhitzen und die Hähnchenschenkel darin ca. 8 Minuten goldbraun fritieren. Herausnehmen, auf Küchenpapier abtropfen lassen.

3. Für die Sauce Mangos schälen, das Fruchtfleisch ablösen und im Mixer oder mit dem Schneidstab des Handrührgerätes pürieren. Mangomus mit dem restlichen Limonensaft, Chilisauce, Zucker und Salz pikant scharf abschmecken.

4. Mangosauce mit den Hähnchenschenkeln servieren. Nach Belieben mit Limonenscheiben und Mangospalten garnieren.

☞ Dazu schmeckt thailändischer Duftreis.

Schnitzel &

Wenn die Boys von ihren Deutschland-Tourneen nach Hause fahren, nehmen sie Erinnerungen mit, von denen keiner von uns eine Ahnung hat. Noch Monate, wenn nicht Jahre, träumen sie von typisch deutschen Spezialitäten wie Wiener Schnitzel und Cordon Bleu.

Hättet Ihr geahnt, daß gerade die amerikanischen Boygroups total auf deutsche Hausmannskost abfahren? Meist lernen sie Omas Küche auf ihren Deutschland-Trips kennen. Hinterher berichten sie euphorisch: Es war Liebe auf den ersten Blick.

Dabei gilt: Je exotischer die Gerichte, um so größer die Faszination der Boys.

Joey von 'N SYNC beispielsweise ist durch seine Deutschland-Tourneen zum Liebhaber deutscher Hausmannskost geworden. Das hat ihn sogar dazu inspiriert, zu Hause selbst den Kochlöffel in die Hand zu nehmen. Zumindest wenn er Gäste hat. Der niedliche Hobbykoch brät Würstchen und paniert eigenhändig Schnitzel. »Ich bin in Deutschland zum absoluten Fan dieser Sachen geworden. Great food!« Chris ebenfalls. Der Boy mit dem heißen italienischen Blut in den Adern wurde zum ausgemachten Fan von Wiener Schnitzeln. »Mittlerweile versuche ich sogar, dieses Gericht zu Hause in Orlando nachzukochen. Und die anderen sollen's essen.« Nur leider klappt das noch nicht so gut. Er muß noch ein wenig üben.

Die Lust am Schnitzel oder an der Wurst, beides Nahrungsmittel, die lange als der Inbegriff der Einfallslosigkeit verkannt wurden, ist ein weltweiter Trend. Die schlichten, wenig raffinierten Nahrungsmittel wurden zum Symbol für unmittelbaren Genuß. Das Pure signalisiert Natürlichkeit, das Einfache verspricht sofortige Befriedigung, erinnert an Kindheit, an zu Hause, an alte Zeiten – als die Welt noch schwer in Ordnung schien.

Nun ist Omas Küche nicht gerade als figurfördernd bekannt. Der hohe Energiewert mancher Köstlichkeiten sprengt oft den kompletten Tagesbedarf eines erwachsenen Mannes. Es kommt eben auf die Auswahl (und auf die Menge) an. Keine Angst, wir verzichten in unserem Rezeptteil auf Kalorienbomben! Statt fettem Fleisch spielen Gemüse und mageres Fleisch die Hauptrolle. Auch wenn die Boys bei ihrem Bewegungspensum ruhig Deftigeres verkraften könnten. Wer macht sich schon eine Vorstellung, wieviel Arbeit hinter einem Auftritt wirklich steckt. Sie kommen, singen und tanzen auf der Bühne, verausgaben sich bis zum letzten Schweißtropfen. Egal was sie anschließend essen – es macht gewiß nicht dick.

Hauptsache, es schmeckt. Dieser Satz macht mehr Sinn, als man im ersten Moment denkt. Im Endeffekt erspart er uns nerviges Kalorienzählen. Genuß, einst der hinterhältig lauernde Feind von Fitneß und Gesundheit, soll viel besser sein, als man lange meinte. Nicht mal dick soll man dadurch werden. Amerikanische Wissenschaftler fanden heraus, daß nicht nur Nahrungsmenge und körperliche Veranlagung darüber entscheiden,

Co

wer dick wird und wer nicht. Auch die grundsätzliche Einstellung zum Essen, so die Forscher, macht einen Unterschied. Das Fazit der Forscher: Wer sich Zeit zum Essen nimmt, es am gedeckten Tisch genießt, den Spaß dabei mit Freunden oder der Familie teilt, ißt bewußter und bleibt auf Dauer eher gesund.

Männerwirtschaft

In einer der beliebtesten Junggesellenbuden der Welt herrscht hektisches Treiben. Justin, JC und Chris von 'N SYNC sind bei der Hausarbeit. Justin hat sich eine Schürze umgebunden und spült das Geschirr. JC trocknet ab. Anschließend reinigt er die Arbeitsfläche und wischt die Hängeschränke aus. Währenddessen hat Chris drei Wiener Schnitzel paniert und plaziert sie in der Pfanne, daß das Fett nur so spritzt. Drei-Männer-WG am Dr. Philips Drive in einem Vorort von Orlando.

Wiener Schnitzel

Zutaten für 4 Personen

3 EL Mehl
1 Ei
6 EL Paniermehl
4 Kalbsschnitzel à 150 g
Salz
Pfeffer
30 g Biskin Spezial
1 Zitrone

1. Das Mehl, das verschlagene Ei und das Paniermehl getrennt auf drei Teller geben.

2. Kalbsschnitzel trockentupfen und von beiden Seiten leicht salzen und pfeffern. Zunächst in Mehl, dann in Ei und anschließend in Paniermehl wenden.

3. Biskin Spezial in einer großen Pfanne erhitzen und die Kalbsschnitzel darin von jeder Seite ca. 4 Minuten goldbraun braten.

4. Zitrone heiß waschen, trockenreiben und in Scheiben oder Spalten schneiden.

5. Die Wiener Schnitzel mit den Zitronenscheiben servieren.

☞ Dazu schmecken Pommes frites und ein gemischter Salat.

Cordon Bleu

Zutaten für 4 Personen

4 Kalbsschnitzel à 180–200 g, 2 cm dick
4 Scheiben Milkana Allgäuer Emmentaler Naturkäse
4 Scheiben gekochter Schinken
Salz
Pfeffer
1–2 EL Mehl
1–2 Eier
3–4 EL Paniermehl
Biskin Pflanzencreme zum Braten

1. In die Schnitzel mit einem scharfen Messer eine große Tasche schneiden. (Dein Metzger macht es auch für Dich.)

2. Käse und Schinken hineingeben, mit Rouladennadeln oder Zahnstochern zusammenstecken und mit Salz und Pfeffer würzen.

3. Schnitzel in Mehl, verschlagenem Ei und Semmelmehl wälzen.

4. Panade gut andrücken und die Schnitzel in erhitzter Biskin Pflanzencreme von jeder Seite ca. 7 Minuten goldbraun braten.

☞ Dazu paßt beispielsweise Broccoligemüse. Zum Garnieren sieht Kresse sehr dekorativ aus.

Gratinierter

Hauptsache gemütlich

Nahezu alle Kinder und Jugendlichen sehen den Eßtisch als einen Ort, wo es sich gut miteinander sprechen läßt, wo jeder seine Sorgen loswerden kann und wo ein richtig schönes gemütliches Beisammensein herrscht. Das sagten zwischen 80 und 90 Prozent aller Kids in einer Umfrage der »Deutschen Gesellschaft für Ernährung«. Doch häufig sieht die Realität anders aus: Nur noch selten essen die Familienmitglieder miteinander. Mit diesen Rezepten bekommt Ihr Eure Familie sicher wieder an den gemeinsamen Eßtisch!

Wirsing mit Speck

Zutaten für 4 Personen

1 Packung (3 Tüten) Unox »Heisse Tasse« Blumenkohl-Cremesuppe
600 g Wirsing oder Weißkohl
100 g durchwachsener Speck
40 g Margarine
2 EL Kräuter der Provence (TK)
200 g geriebener junger Gouda

1. Die Blumenkohl-Cremesuppe nach Anweisung zubereiten.

2. Wirsing putzen, waschen, in schmale Streifen schneiden und ca. 2 Minuten in siedendem Wasser blanchieren.

3. Den Speck in kleine Würfel schneiden.
   In einem Topf Margarine erhitzen, Speckwürfel darin glasig dünsten, die Wirsingstreifen und Kräuter hinzufügen.

4. Die Blumenkohl-Cremesuppe dazugießen und alles ca. 10 Minuten leicht kochen lassen.

5. Dann in eine flache, feuerfeste, ausgefettete Form füllen, mit Gouda bestreuen und im vorgeheizten Backofen bei Oberhitze (im E-Herd bei 250°C, im Gasherd auf Stufe 5) 10–15 Minuten überbacken.

Kevin von den Backstreet Boys:
»Hausmannskost? Ich liebe Deftiges, wie meine Mutter und Großmutter immer gekocht haben. Ein paar Gerichte haben sie mir beigebracht, weil sie der Meinung waren, daß jeder Mann kochen können muß. Kochen ist für mich ganz selbstverständlich. Schließlich will ich irgendwann mit einer Frau zusammenleben, weil wir uns lieben, nicht, weil ich mich von ihr versorgen lassen will.«

Rindersteaks mit Tomaten und Käse überbacken

Zutaten für 4 Personen

4 Rindersteaks
4 Tomaten (oder geschälte Tomaten aus der Dose)
Pfeffer
30 g Butterschmalz
Salz
Basilikum, gerebelt
100 g geriebener Gouda

1. Aus den Tomaten den Stielansatz herausschneiden, kreuzweise einschneiden und mit heißem Wasser übergießen.

2. Dann die Haut abziehen, die Kerne entfernen und in Viertel schneiden.

3. Rindersteaks pfeffern, in Butterschmalz auf einer Seite anbraten, herumdrehen, salzen.

4. Die Tomaten auf die Steaks verteilen, mit Basilikum, Pfeffer und Salz würzen und mit dem geriebenen Käse bestreuen.

5. Etwas Wasser angießen, den Deckel auf die Pfanne legen und 3 Minuten braten.

☞ Dazu passen Spinat und Pommes frites.

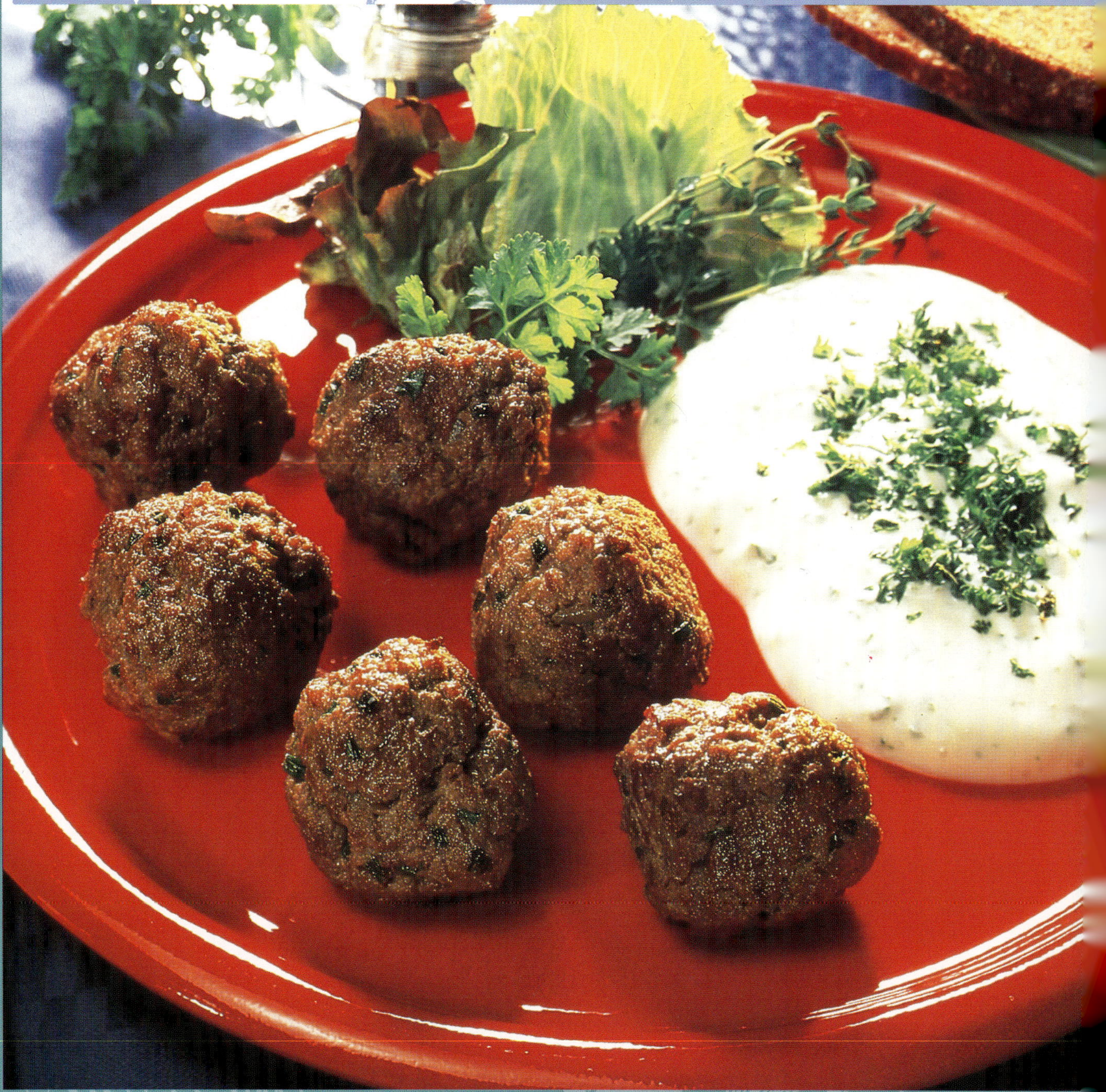

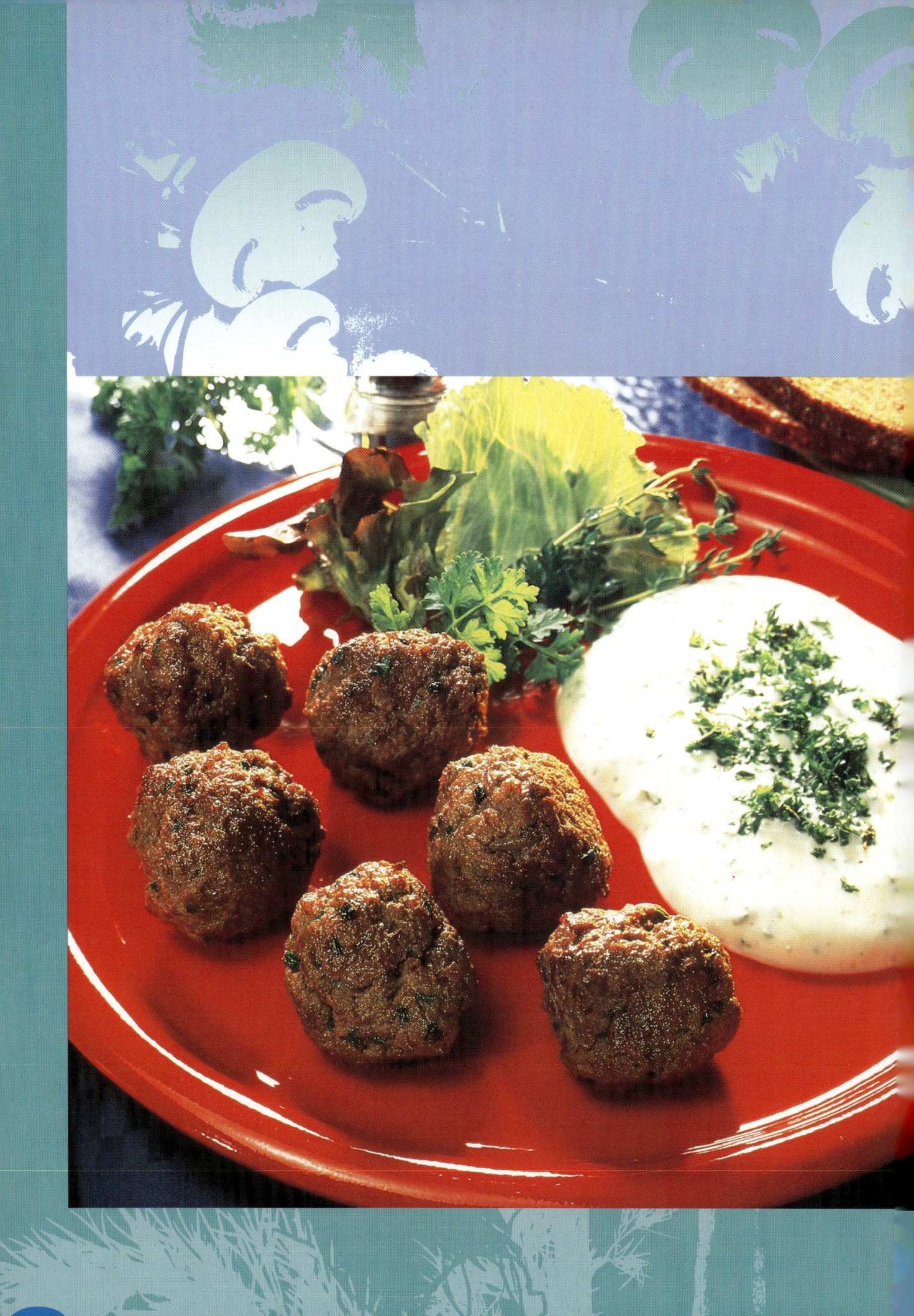

Rindfleischklößchen mit Joghurtsauce

Zutaten für 1 Person

1/2 Zwiebel (20 g)
1 EL Schnittlauchröllchen
50 g Magerquark
Pfeffer aus der Mühle
Jodsalz
1 TL Butterschmalz
130 g Rindfleisch aus der Keule (vom Schlachter durch den Wolf drehen lassen)
150 Joghurt (1,5 % Fett)
1 EL Thymian, Kerbel
1 Scheibe Vollkornbrot (40 g)

1. Zwiebel schälen und feinhacken. Schnittlauch waschen und in feine Röllchen schneiden.

2. In einer Schüssel Hackfleisch, Quark und Schnittlauchröllchen durchkneten, mit Pfeffer und Salz würzen.

3. In einer Pfanne Butterschmalz erhitzen, die Zwiebelwürfel darin andünsten, herausnehmen, zur Hackfleischmasse geben und vermischen. Kleine Hackfleischklößchen formen.

4. Das Bratfett erhitzen und die Hackfleischklößchen ca. 5 Minuten von allen Seiten braun braten. Warmstellen.

5. Für die Sauce Joghurt, Thymian und Kerbel vermischen, mit Pfeffer und Salz abschmecken.

6. Auf einem Teller Hackfleischklößchen, Joghurtsauce und Vollkornbrot anrichten.

Kofi von Bed & Breakfast:

»Ein paar Rezepte von meiner Oma habe ich parat: Gulasch mit Pilzen, Matjes in saurer Sahne oder Sauerbraten. Aber zugegeben: Meistens haue ich mir eher was Exotisches in die Pfanne.«

Rinderfiletgeschnetzeltes mit Paprika und Chili

Zutaten für 4 Personen

800 g Rinderfilet
2 Bund Frühlingszwiebeln
2 rote Paprikaschoten
2 grüne Paprikaschoten
2 Chilischoten
30 g Butterschmalz
Pfeffer aus der Mühle
Salz
2 Tassen Fleischbrühe (Würfel)
1 Tasse Sahne

1. Rinderfilet in Scheiben schneiden.

2. Frühlingszwiebeln putzen und in feine Ringe schneiden. Rote und grüne Paprikaschoten und Chilischoten waschen, die Kerne entfernen und alles in sehr feine Streifen schneiden.

3. Butterschmalz in der Pfanne erhitzen, portionsweise die Filetstreifen anbraten und in einer Schüssel warmstellen.

4. Frühlingszwiebeln, Paprika und Chili kurz in dem Fett anbraten, mit Pfeffer und Salz würzen, mit Brühe ablöschen und etwa 10 Minuten köcheln.

5. Dann die Filetstreifen dazugeben, Sahne angießen und nochmals alles gut durchkochen.

☞ Dazu schmecken Nudeln.

PIZZA, PAST

Kaum eine Küche hat weltweit so viel Anerkennung gefunden wie die italienische. Sie verschafft Genuß und ist gleichzeitig gesund. Was würde Eloy von Caught In The Act auf eine einsame Insel mitnehmen? Die Antwort kommt wie aus der Pistole geschossen: »Ganz klar – italienisches Essen.«

Die italienische Küche spielt im Leben der Boygroups eine zentrale Rolle. Vielleicht, weil sie überall auf der Welt in guter Qualität zu bekommen ist. Zumindest in Orlando, Hamburg, Amsterdam oder Tokio. Die Boys sind ja bekanntlich viel unterwegs.

Aber es gibt noch einen anderen wichtigen Grund: Bei ihrem Bewegungspensum geht es den Boys wie Marathonläufern. Sie brauchen Energie, die lange vorhält, ohne voll zu machen. Dafür gibt es nichts Besseres als eine kohlenhydratbetonte Küche unter Verwendung von beispielsweise Kartoffeln und Getreideprodukten. Vorm Wettkampf, sagen daher auch Sportler, sollte man Teigwaren essen, um die Energiespeicher aufzuladen. Und ein Bühnenauftritt ist für einen Musiker das gleiche: Hier gibt er alles und verausgabt sich bis zur Erschöpfung.

Es gibt kaum Schöneres als italienischen Schmaus – wenn man Nick, Eloy und Co Glauben schenkt. Das liegt wahrscheinlich an der Eßkultur. Man läßt sich Zeit, redet, lacht und albert herum. Weil fast alle Boys auf Mittelmeerküche stehen, sind auch viele Plattenverträge beim Italiener zustande gekommen. Als zum Beispiel die Backstreet Boys 1995 vom Music-Manager Oliver Oswald entdeckt wurden, verbrachten sie Tage und Nächte bei Pizza, Pasta & Co – um zu verhandeln.

Wenn's um italienisches Essen geht, sind die meisten Boys anspruchsvoll. Konservendosen tun's eben nicht (es sei denn, man geht auf eine einsame Insel). Im Normalfall sollte das Food schon an die Qualität herankommen, wie »Mom« sie bietet – oder der Lieblings-Italiener. Nick und die anderen Backstreet Boys zum Beispiel essen ihre Pizza am liebsten im NYDP in Orlando. Aber es muß schließlich nicht immer Pizza sein. Nudeln gibt es in allen Variationen – mit Gemüse beispielsweise oder einer pikanten Knoblauchsauce bieten sie eine köstliche, gesunde Alternative zur heißgeliebten Pizza. Und wenn das Food auch mal kalt genossen werden darf, versprechen die italienischen Vorspeisen »Antipasti« absoluten Genuß.

Keine Band ohne Stamm-Pizzeria. Wir können wetten, daß die meisten die Nummer ihres Lieblings-Italieners sogar im Mobil-Telefon eingespeichert haben, um das Essen – wenn's besonders schnell gehen muß – nach Hause oder ins Studio kommen zu lassen. Egal, ob Backstreet Boys, 'N SYNC, Bed & Breakfast oder Caught In The Act – ohne Bestell-Service geht nichts. Wenn alle Stränge reißen, schmeißen die Traumprinzen die Nudeln auch mal selbst in den Topf. Florian von Bed & Breakfast hat es sogar zur Meisterschaft gebracht. Kein Wunder: Bei ihm zu Hause gibt's die besten Nudeln der Welt.

A & CO

Wenn er mal wieder Saltos auf dem Trampolin trainiert hat, so erzählt er, kocht er sich hinterher zur Belohnung eine Riesenportion Spaghetti – nach den Rezepten seiner Mom.

Auch in der Liebe spielt italienisches Essen bei den Jungs eine Rolle. Liebe geht ja bekanntlich durch den Magen. Eloy von Caught In The Act würde sein Traumgirl zum ersten Date am liebsten zum Italiener führen – für ein romantisches Candlelight-Dinner. »So ein Essen kann ganz schön erotisch sein«, findet er. »Nach dem Dessert bitte ich sie noch zu mir auf einen Kaffee, ich würde Schmusemusik von Mariah Carey auflegen und ihr tief und lange in die Augen schauen. Aber den Rest verrate ich nicht ...«

Cal Cooper von Worlds Apart:
»Ich stehe auf jede Art von Mittelmeerküche.«

TOMATEN

TORTELLINI

IN KNOBLAUCHSAUCE MIT SCHWARZEN OLIVEN UND PECORINO

Zutaten für 4 Personen

2 Packungen (à 250 g) getrocknete Tortellini
Salz
1 EL Öl
1 Glas »Raguletto« Spaghetti-Sauce mit Zwiebeln und Knoblauch
100 g schwarze, entsteinte Oliven
1 TL getrockneter Oregano
150 g Pecorino (italienischer Hartkäse)
schwarzer Pfeffer

1. Die Tortellini in reichlich kochendem Salzwasser mit Öl 15–20 Minuten garen.
2. Inzwischen die Spaghetti-Sauce mit dem Oregano in einem großen Topf erhitzen. Oliven kleinschneiden, zufügen und durchköcheln lassen.
3. Den Pecorino kleinschneiden oder reiben.
4. Die Tortellini abgießen, abtropfen lassen und in die Sauce geben.
5. Den Pecorino hinzufügen, gut duchrühren und 2 Minuten bei starker Hitze weiterrühren.
6. Mit Pfeffer bestreut in einer Servierschüssel anrichten.

Typisch italienisch:

Tomaten liefern Vitamin C, Mozzarella enthält viel Eiweiß. Basilikum wirkt mit seinen ätherischen Ölen magenberuhigend. Olivenöl hat ungesättigte Fettsäuren und vor allem einfach gesättigte, die der Körper braucht, aber nicht selbst produziert. Mozzarella mit Tomaten ist ganz einfach zuzubereiten: in dicke Scheiben schneiden, etwas Olivenöl und Balsamico-Essig darüber, mit einer Prise Pfeffer und Salz würzen, daüber einige Basilikum-Blättchen – fertig ist ein gesunder Imbiß!

TAGLIATELLE
MIT AUBERGINEN UND TOMATEN

Zutaten für 4 Personen

500 g Auberginen
Salz
Biskin-Öl zum Anbraten
2 Knoblauchzehen
½ Dose Tomaten
Pfeffer
250 g Tagliatelle (Bandnudeln)
1 großes Bund Basilikum
50 g geriebener Parmesan

1. Die Auberginen längs halbieren, dann in Scheiben schneiden, mit Salz überstreuen und vermengen. Abgedeckt stehenlassen, bis die Auberginen Wasser gezogen haben.

2. Dann die Auberginenscheiben leicht ausdrücken, in Haushaltspapier abtrocknen und in einer Pfanne mit heißem Biskin-Öl von beiden Seiten anbraten.

3. Die zerdrückten Knoblauchzehen zufügen und kurz mitbraten, dann die Tomaten mit Saft dazugeben, mit Salz und Pfeffer würzen und alles 5–10 Minuten köcheln lassen.

4. In der Zwischenzeit die Tagliatelle in reichlich kochendes Salzwasser geben und 7–8 Minuten garen (bißfest – al dente). Dann abgießen, kurz abschrecken und in eine Schüssel geben.

5. Das abgeschmeckte Gemüse daraufgeben und mit gehacktem Basilikum und Parmesan bestreut servieren.

PIZZA

DAS MÄDCHEN VOM PIZZA-SERVICE

Seit einiger Zeit hat Bastiaan von Caught In The Act ein mulmiges Gefühl, wenn der Lieferservice bei ihm klingelt. Schuld ist ein unangenehmes Erlebnis mit einer besonders aufdringlichen Anhängerin. Bastiaan: »Bei mir klingelte mal ein Mädchen, das sich als Girl vom Pizza-Service ausgab.« Kaum war sie in der Wohnung, versuchte sie, sich die Kleider vom Leib zu reißen. Der Trick hat ihr nichts gebracht. Bastiaan warf sie auf der Stelle raus. Nach dieser Erfahrung läßt er meistens seine Freunde bestellen. Bastiaan: »Ich hasse aggressive Fans, so attraktiv sie auch sein mögen.«

HAWAII

Zutaten für 4 Personen

4 Tomaten
1 rote Paprikaschote
1 kleine Dose (425 ml) Ananas in Scheiben
200 g gekochter Schinken in Scheiben
1 Packung Sanella Frische Teige »Pizzateig«
250 g Tomaten in Stücken (Packung)
175 g geriebener Gouda-Käse
Basilikum
Salz
Pfeffer aus der Mühle

1. Tomaten und Paprikaschote putzen und waschen. Tomaten in Scheiben, Paprikaschote in Streifen schneiden.

2. Ananasscheiben auf einem Sieb gut abtropfen lassen und vierteln.

3. Schinkenscheiben ebenfalls vierteln.

4. Ein Backblech mit Backpapier auslegen und den Pizzateig dünn darauf ausrollen.

5. Die Tomatenstücke daraufgeben und mit Salz und Pfeffer würzen. Den Käse darüberstreuen. Nun die Pizza mit den Tomatenscheiben, Paprikastreifen, Ananasstücken und dem Schinken belegen.

6. Im vorgeheizten Backofen (E-Herd: 200°C /Gasherd: Stufe 3) ca. 25 Minuten goldbraun backen.

7. Die Pizza Hawaii vor dem Servieren mit Basilikumblättchen garnieren.

Chris von 'N SYNC:
»Ich merke immer wieder, daß ich italienisches Blut in mir habe. Von Nudeln kann ich nicht genug kriegen. Ich esse sie in allen Variationen. Mit Fleisch, ohne Fleisch, scharf oder mild. Ich bin süchtig nach italienischem Essen.«

ANTIPASTI

Zutaten für 4 Personen

je ½ gelbe und rote Paprikaschote
1 Zucchini (ca. 100 g)
150 g kleine Champignons
6 EL Olivenöl Olio-Dante extra
100 g Kirschtomaten
1 EL gehackte Petersilie
50 g schwarze Oliven
50 g grüne Oliven mit Paprikafüllung
150 g Artischockenherzen (Abtropfgewicht)
8 Hummerkrabben (geschält à ca. 120 g)
je 1 EL kleingeschnittener Thymian, Dill, Rosmarin
evtl. Kräuter zum Garnieren
1 kleines italienisches Weißbrot

Dressing für das Gemüse:
4 EL Balsamico-Essig
1 EL Weißweinessig
Salz
Pfeffer
Zucker
2 EL Olio-Dante extra (Olivenöl)

Dressing für die Krabben:
1 EL Zitronensaft
1 EL Olio-Dante extra (Olivenöl)
1 Knoblauchzehe
Salz
Pfeffer
Zucker

1. Paprika, Zucchini und Champignons putzen und waschen.

2. Paprika in Stücke, Zucchini in Scheiben schneiden und die Champignons halbieren.

3. 4 EL Öl erhitzen und das Gemüse darin portionsweise anbraten. Zum Schluß die Kirschtomaten kurz mit durchschwenken.

4. Mit Petersilie bestreuen und aus der Pfanne nehmen.

5. Das Gemüse-Dressing bereiten und auf das noch heiße Gemüse geben. Oliven und Artischocken zum Gemüse dazugeben.

6. 2 EL Öl erhitzen, Hummerkrabben darin ca. 5 Minuten anbraten.

7. Das Krabben-Dressing bereiten und über die noch warmen Krabben geben.

8. Alles mit Kräutern bestreuen und mindestens 5 Stunden ziehen lassen.

9. Auf Tellern anrichten, evtl. mit Kräutern garnieren. Dazu schmeckt italienisches Brot.

Howie von den Backstreet Boys:

»Als Kind habe ich Zwiebeln gehaßt. Mir ist immer fast das Herz gebrochen, wenn ich meine Mutter weinen sah. Deshalb rannte ich schon aus der Küche, wenn sie nur eine Zwiebel in die Hand nahm. Das hat sich mittlerweile radikal geändert. Zwiebeln sind mein Lieblingsgemüse geworden. Weil sie zugleich scharf-würzig, aber auch mild-süßlich sein können.«

BANDNUDELN MIT BRUNCH-KNOBLAUCH-SAUCE

Zutaten für 4 Personen

250 g Möhren
250 g Zucchini
250 g Bandnudeln
Salz
1 Zwiebel
2 Knoblauchzehen
1 EL Olivenöl
1 EL Mehl
200 ml Gemüsebrühe (Instant)
1 Packung Brunch
weißer Pfeffer
1 Prise Zucker
1 Bund Basilikum

1. Das Gemüse putzen, waschen und mit einem Sparschäler längs in Scheiben schneiden.

2. Die Nudeln in reichlich kochendem Salzwasser nach Anweisung garen. 5 Minuten vor Ende der Garzeit das Gemüse zufügen.

3. Zwiebel und Knoblauch schälen. Die Zwiebel fein hacken, den Knoblauch in Scheiben schneiden. Beides in heißem Öl andünsten, mit Mehl bestäuben, durchschwitzen lassen.

4. Unter ständigem Rühren mit der Brühe ablöschen, kurz aufkochen. Brunch zufügen. Solange rühren, bis der Brunch geschmolzen ist. Sauce abschmecken. Das feingeschnittene Basilikum unterheben.

5. Nudeln und Gemüse abgießen, auf Tellern anrichten und die Sauce darübergeben.

AMERICAN

Würzige Fleisch-Spießchen, knusprige Hähnchenkeulen und nicht zuletzt Hamburger haben es den Boys angetan. Wenn ein weltweites Essen aller Boygroups stattfände, könnt Ihr sicher sein, worauf sie sich einigen würden.

Wo wird man satt, trifft viele nette Leute und kann uneingeschränkt Spaß haben? Zum Beispiel im Hard Rock Cafe. Im November 1995 erlebten die Gäste des amerikanischen Fast-food-Tempels in Berlin eine spontane Gratisvorstellung von Worlds Apart. Nach einem Auftritt beschloß die Gruppe, mit Freunden noch etwas essen zu gehen, und landete im Hard Rock Cafe. Zur Freude aller Gäste legten sie eine heiße Show aufs Parkett, wobei Cal die Ketchup-Flasche als Mikrofon benutzte. Nathan machte später mit ein paar Fans ein Pommes-Wettessen der besonderen Art. So funktioniert's: »Jeder fängt an einem Ende an, und wer sich am schnellsten in die Mitte knabbert, bekommt einen dicken Pommes-Kuß!« An dem Abend haben einige Mädchen mehr gegessen, als sie ursprünglich vorhatten. Nathan übrigens auch.

Worlds Apart ist kulinarisch kein Einzelfall. Auch die anderen Boybands lieben simplen, unverfälschten Essensgenuß – nicht immer, aber ziemlich oft. JC von 'N SYNC ist sogar ein regelrechter Fast-food-Fan. Er sammelt Hard-Rock-Cafe-Speisekarten aus aller Welt. Eine Wand seines Zimmers in der Villa in Orlando, die er mit Justin und Chris teilt, hat er mit 16 verschiedenen Exemplaren tapeziert. JC: »Ich habe sie alle heimlich mitgehen lassen.«

Kein Mensch behauptet, daß American Fast food gesund ist oder fit macht. Unbestrittener Fakt ist aber: Keine Küche ist männlicher. Schließlich bestimmten Cowboys die Anfänge. Im Wilden Westen wurden die besten Stücke vom Rind einfach so oder gut mariniert auf Holzkohleglut gelegt. Und teilweise so scharf gewürzt wie in Mexiko. Dazu ein paar in Folie gewickelte Kartoffeln oder Maiskolben. Auch heute noch ist das Barbecue in Amerika die beliebteste Art zu kochen. Selbst Kochmuffel fangen Feuer, wenn die Glut im Grill glimmt.

Das Grillen von Fleisch hat es Männern und Jungs in allen Ländern angetan. Für den Holländer Bastiaan von Caught In The Act sind Grillfeste der schönste Teil des Sommers. »Meistens grillen wir im Garten, und es kommen noch viele Freunde dazu. Ich liebe das.« Von Kindesbeinen an bewacht Bastiaan dabei die Glut, legt die Fleischstücke und Spieße auf den Rost, wendet sie und verteilt sie anschließend an die Gäste. Bastiaan verwendet nicht nur Rind- oder Schweinefleisch. Auch Geflügel und Fisch lassen sich hervorragend auf dem Grill zubereiten. Bastiaan bevorzugt Hähnchen und Truthahn.

Doch Barbecues und sommerliche Grillfeste sind nur ein Teil des

FAST FOOD

American Fast food. Denn die größte Popularität hat überall auf der Welt der Hamburger erlangt. Komischerweise bei Anhängern wie bei Kritikern. Kalorienbombe ohne Nährwert, sagt der ernährungsbewußte Mensch – und beißt genüßlich in den Klops. Dem Drang zum Hamburger kann auf Dauer halt kaum jemand widerstehen. Zumindest ab und zu. Macht ja auch nichts. Schlimm wird es nur, wenn nichts anderes mehr auf dem Speiseplan steht. Denn dann würde der Mensch auf Dauer unter Vitamin- und Mineralstoffmangel leiden.

Allen Anfeindungen zum Trotz: Der Hamburger ist besser als sein Ruf. Rindfleisch, Tomate, Gurke, dazu ein Brötchen. Im Vergleich zu Kalorienbomben wie Gyros oder Currywurst kommt der legendäre Fleischklops geradezu als »Fast food light« daher.

Schön scharf macht schlank

Wußtet Ihr, daß Curry in Wirklichkeit eine Mischung aus 20 Gewürzen ist, die bei der Verdauung helfen und desinfizierend wirken? Überhaupt beschleunigt Scharfes den Stoffwechsel um bis zu 25 Prozent. Dadurch werden mehr Kalorien verbrannt.

GEGRILLTE

John von East 17:

»Wir von East 17 sind alle zwischen Gurkensandwich und Schnellrestaurant aufgewachsen. Bei uns gibt es gar keine Diskussion: Gegessen wird bei McDonald's oder einem anderen Fastfood-Restaurant. Hier kriegen Terry und ich unsere Riesenburger und Fast-Vegetarier Tony sein Geflügel.«

HÄHNCHENFLÜGEL
MIT GEMÜSESAUCE

Zutaten für 4 Personen

12–16 Hähnchenflügel
1 unbehandelte Orange
3 EL flüssiger Bienenhonig
3 EL Öl
2 Knoblauchzehen
schwarzer Pfeffer
je 1 grüne und 1 rote Paprikaschote
2 Zwiebeln
1 kleines Paket passierte Tomaten (200 g)
Salz
edelsüßes Paprikapulver
1 Bund Schnittlauch

1. Die Hähnchenflügel unter kaltem Wasser abbrausen, gut abtrocknen. Die Orange heiß abwaschen, abtrocknen und die Schale abreiben. Den Saft auspressen; mit der Schale, dem Honig und 2 EL Öl verrühren. Den Knoblauch schälen und dazupressen. Die Marinade mit Pfeffer würzen. Die Hähnchenflügel darin wenden und zugedeckt etwa 2 Stunden im Kühlschank marinieren.

2. Inzwischen Paprikaschoten putzen, waschen und in kleine Würfel schneiden, Zwiebeln schälen und fein würfeln. Beides im restlichen EL Öl in einem Topf anbraten. Dann mit etwa ⅛ Liter Wasser und den passierten Tomaten ablöschen, mit Salz, Paprikapulver und Pfeffer kräftig würzen und zugedeckt bei mittlerer Hitze ½ Stunde köcheln lassen. Anschließend gut durchkühlen lassen.

3. Die Hähnchenflügel aus der Marinade nehmen, unter dem vorgeheizten Grill im Backofen oder Grillgerät etwa 10 Minuten grillen, zwischendurch wenden und mehrfach mit der Marinade bestreichen.

3. Gemüsesauce pikant abschmecken, mit Schnittlauchröllchen bestreuen und zu den gegrillten Hähnchenflügeln servieren.

BUNTER

Justin von 'N SYNC:

»Nach dem Sport gehen wir meist in unser Lieblingsrestaurant Planet Hollywood. Dort wird jeder glücklich: JC, Lance und ich kriegen richtig fieses Fast food. Und die kalorienbewußten Bandmitglieder Chris und Joey haben eine Riesenauswahl an leckeren Salaten.«

FLEISCHSPIESS

Zutaten für 4 Personen

400 g magere Rinderhüfte
400 g Schweinekeule (Oberschale)
3 Paprika, jeweils rot, gelb, grün
1 Apfel (süßsauer)
1 Gemüsezwiebel
Pfeffer
Salz
60 g Butterschmalz

1. Das Rind- und Schweinefleisch in 2–3 cm große Würfel schneiden. Die Paprikaschoten waschen und ebenfalls in 2–3 cm große Stücke schneiden. Den Apfel halbieren, das Kerngehäuse entfernen und in 1–2 cm dicke Scheiben schneiden. Die Zwiebel schälen, achteln und blättern.

2. Fleischstücke, Paprika- und Apfelstücke sowie Zwiebelstücke abwechselnd auf 4 Spieße stecken und diese mit Pfeffer und Salz würzen.

3. Dann in der Pfanne von jeder Seite in Butterschmalz ca. 4 Minuten braten.

NIE WIEDER HAMBURGER!

Backstreet Boy Brian hat in einer Phase seines Lebens so viele Hamburger gegessen, daß er für immer genug davon hat. Zwei Jahre lang hat er nämlich während seiner Schulzeit bei McDonald's gearbeitet und pro Tag mindestens drei verschiedene Macs verzehrt. Danach schwor er sich: Nie wieder Hamburger. Doch damals ahnte er nicht, daß er mal in einer Band spielen würde und daß seine Band-Kumpels so große Fast-food-Liebhaber sind, daß sie ihn einmal pro Tag ins Schnellrestaurant schleppen.

GEGRILLTE FISCHBURGER

Zutaten für 4 Personen

4 Scheiben Toastbrot
1 Bund Dill
1 Zwiebel
4 EL Biskin Spezial Pflanzencreme
500 g Heilbuttfilet
1 Ei
Salz
weißer Pfeffer
1 TL Paprikapulver edelsüß
4 Baguettebrötchen
100 g Salatgurke
2 große Tomaten
4 EL Cocktailsauce
8 Blätter Kopfsalat
40 g Alfalfasprossen

1. Das Toastbrot entrinden und klein zupfen. Dill abspülen, trockenschütteln, fein hacken. Zwiebel schälen, in kleine Würfel schneiden und in 1 Eßlöffel Biskin glasig dünsten.

2. Fischfilet waschen, trockentupfen, grob würfeln und im Mixer oder mit einem Schneidestab pürieren. Ei, Dill, Zwiebel und Toast zufügen, mit Salz und Pfeffer würzen. Alles gut miteinander verkneten. Aus dem Fischteig vier Burger formen.

3. Restliches Biskin mit Paprikapulver verrühren und die Fischburger damit bestreichen. Auf dem Grill von jeder Seite ca. 3 Minuten grillen. Inzwischen Brötchen halbieren.

4. Gemüse putzen und waschen. Gurke und Tomaten in Scheiben schneiden. Die Unterseiten der Baguettebrötchen mit Cocktailsauce bestreichen. Mit Salatblättern, Gurken- und Tomatenscheiben sowie Keimsprossen belegen. Fischburger halbieren und darauf geben. Mit den Brötchendeckeln abdecken, leicht andrücken und die Fischburger servieren.

HAM

Florian von Bed & Breakfast:

Meinen Lieblings-Hamburger gibt es natürlich nur in Hamburg. Der »Big Jim« von Jim Block wiegt 200 Gramm, ist ausgesprochen saftig und schmeckt nach richtigem Rindfleisch.«

BURGER

Zutaten für 4 Personen

100 ml Milch
1 altes Brötchen
20 g Butter
1 Zwiebel
2 EL Petersilie
½ EL Majoran
400 g Hack, gemischt
1 Ei
Salz
Pfeffer
30 g Butterschmalz
grüner Salat
Tomaten

1. Das Brötchen in erhitzter Milch einweichen.
2. In einer Pfanne Butter, Zwiebel, Petersilie und Majoran anschwitzen.
3. Hackfleisch mit ausgedrücktem Brötchen, dem Ei, der Zwiebel, den Kräutern und den Gewürzen vermischen.
4. Frikadellen formen. In Butterschmalz langsam braten.
5. Mit grünem Salat und einer Tomatenscheibe zwischen den Hälften eines Brötchens servieren.

DENVER

A.J. von den Backstreet Boys:

»Ich bin der größte Fast-food-Fan bei uns. Ich kann nicht genug kriegen und esse deshalb am liebsten Big Macs. Die anderen Bandmitglieder? Nun, große Überredungsarbeit muß ich nie leisten, wenn sie mir Gesellschaft leisten sollen. Schon, weil es in Schnellrestaurants eben schnell geht und wir manchmal nur wenig Zeit haben.«

Nick von den Backstreet Boys:

»Ab und zu brauche ich einen richtig großen Hamburger. Die besten machen wir selbst bei uns zu Hause. Das wird dann eine Art Freß-Orgie. Mein Lieblings-Hamburger muß mindestens 2 $\frac{1}{2}$ Zentimeter dick sein, einen Durchmesser von 7,5 – 10 Zentimetern haben und 125 Gramm wiegen!«

– KARTOFFELN
MIT EI-KRÄUTERCREME

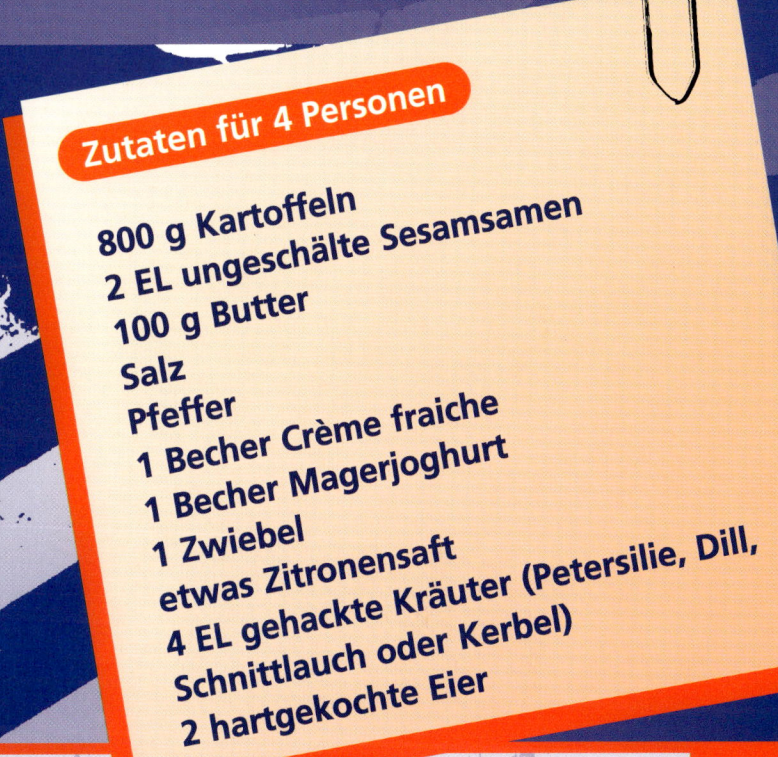

Zutaten für 4 Personen

800 g Kartoffeln
2 EL ungeschälte Sesamsamen
100 g Butter
Salz
Pfeffer
1 Becher Crème fraiche
1 Becher Magerjoghurt
1 Zwiebel
etwas Zitronensaft
4 EL gehackte Kräuter (Petersilie, Dill, Schnittlauch oder Kerbel)
2 hartgekochte Eier

1. Kartoffeln schälen, halbieren und mit flüssiger Butter bepinseln. Mit Sesam bestreuen. Salzen.

2. Auf ein mit kaltem Wasser abgespültes Blech setzen.

3. Im vorgeheizten Backofen bei 200 Grad 30 bis 40 Minuten backen.

4. Dazu eine Kräutercreme servieren aus Crème fraiche, Magerjoghurt, Zwiebelwürfeln, Zitronensaft, Salz, Pfeffer, gehackten Kräutern und in feine Würfel gehackten Eiern.

MEXIKANISCH

Wie selbstverständlich gehen die Boys zum Mexikaner. Dort gibt es Tortillas, Mais und Bohnen satt. Chilis sorgen für Schärfe. Ideale Bedingungen für viel Spaß – beim Arbeitsessen, zum Entspannen oder Flirten.

Mit gesenktem Kopf sitzt Ronan von Boyzone auf der Veranda einer alten mexikanischen Hazienda. Seine blonden Haare leuchten in der Sonne. Um den Hals trägt er ein Kruzifix, um seinen Rücken spannen sich zwei Flügel. Mit sanfter Engelsstimme beginnt er zu singen: »Looking for you, lost in my emptiness ...« Auf dem Balkon steht Keith und schaut in den Hinterhof – auf einen alten Steinbrunnen und prachtvolle Zypressen, die sich sanft im Wind wiegen. Die irischen Jungs drehen einen Video-Clip in Mexiko. Der Regisseur ist zufrieden: »Letzte Einstellung für heute vormittag.«

Endlich Essenspause. Die leckeren Düfte umwehten schon eine Weile den Drehort, so daß das Magenknurren von Mikey, Shane, Keith, Ronan und Steve unüberhörbar wurde. Die fünf stürzen sich auf die bereitgestellten Köstlichkeiten: Enchiladas, Tacos, Tostadas – eine maronenfarbene bis schwarze Bohnenportion gehört auf jeden Teller. Dazu Chili und natürlich Mais – er steckt entweder frisch im Salat oder fein zermahlen im Tortilla-Teig. Grundregel: Kein mexikanisches Essen ohne Tortillas! Tortillas kommen gerollt, gefaltet, geklappt oder unbearbeitet in noch frisch dampfenden Stapeln auf den Tisch.

Mexikanisches Essen besteht zunächst aus drei Grundnahrungsmitteln: Mais, Chili und Bohnen. Was immer man ißt, dieser Dreierpack ist fast untrennbar miteinander verbunden. Die amerikanische Variante des mexikanischen Essens heißt Tex-Mex. Sie setzt sich auch bei uns immer mehr durch, auch wenn Feinschmecker auf die subtilen Feinheiten der original-mexikanischen Küche schwören. Beim Tex-Mex ist alles erlaubt. Mayonnaise und Ketchup, fabrikgenormte Taco-Shells, Industrie-Tortillas und Chili-Saucen aus dem Lebensmittelregal. Das macht die Zubereitung einfach.

Typisch für die Tex-Mex-Küche sind Tortilla-Chips, die mit Hot Salsa, Salsa verde oder Guacomole, dem leckeren Avocado-Zwiebel-Chili-Mus, serviert werden. Dazu gehört unbedingt Cilantro, das ist der mexikanische Name für frischen, grünen Koriander. Ersatzweise wird manchmal Petersilie verwendet – sie ist bei uns halt einfacher zu bekommen, und unsere Gaumen haben sich an sie gewöhnt. Doch echter Koriander lohnt sich! Wer den Geschmack lieben gelernt hat (etwas Übung braucht es!), läßt sich hinterher nur ungern mit Petersilie abspeisen.

Wirklich schwierig wird es mit den Chilischoten. In der mexikanischen Küche wird mit etwa 90 verschiedenen Sorten gearbeitet. Überall im mittelamerikanischen Land finden sich Markthallen, wo die Augen beim bloßen Anblick der Körbe voller Chilis in unterschiedlicher Farbe und Schärfe anfangen zu tränen. Von diesem Angebot können wir bei uns nur träumen. Die besten Adressen sind Asien-Läden. Dort bekommt man zumindest schön scharfe kleine Schoten in grün, rot und manchmal orange. Man kauft sie zu Hunderten in kleinen Plastiksäckchen, und sie sind nicht teuer. Tip: Chilis lassen sich prima in der Frischhaltebox im Gefrierfach aufbewahren!

UND TEX-MEX

Lee Baxter von Caught In The Act:

»Ich esse am liebsten mexikanisch, und zwar die Tex-Mex-Version. Die Zutaten sind leicht zu bekommen, und man hat nicht viel Arbeit dabei.«

DIE TEX-MEX-SPEISEKARTE

Tortillas:	dünne Maisfladen
Tacos:	mit Fleisch gefüllte, zusammengerollte und in Fett gebratene Tortillas
Quesadillas:	mit Käse gefüllte, zusammengerollte und in Fett gebratene Tortillas
Enchiladas:	in Chili-Sauce getauchte und in Fett gebratene Tortillas
Tostadas:	offene, in Fett gebackene Tortillas, belegt mit diversen Zutaten
Tortas:	belegte Brötchen
Tamales:	Maismehlklöße mit Fleischfüllung
Frijoles:	Bohnen in allen Farben, ganz oder püriert, gekocht oder gebraten
Mole:	aus Chili, Kürbiskernen und Tomaten gekochte Sauce
Nopales oder Nopalitos:	gekochte oder gebratene Blätter vom Feigenkaktus
Chorizo:	mexikanische Wurst

CHILI

Kevin von den Backstreet Boys:

»Es ist schwer, mexikanisch zu essen, ohne gleichzeitig viel Fleisch zu essen. Aber manchmal gönne ich mir dieses Vergnügen. Am nächsten Tag esse ich dafür nur Gemüse.«

CON CARNE

Zutaten für 4 Personen

400 g Tomaten
100 g durchwachsener Speck
2 Zwiebeln
2 Stücke Palmin (50 g)
500 g Rinderhackfleisch
2 grüne Paprikaschoten
½ Tasse Klare Fleischbrühe
(Würfel) (50 ml)
1 Dose rote Bohnen (440 g Gemüseeinwaage)
Salz
Pfeffer
1 EL Chilipulver
1 EL Paprika edelsüß
Pimiento zum Garnieren

1. Die Tomaten abziehen, vierteln, entkernen und würfeln. Den Speck fein würfeln, die geschälten Zwiebeln fein hacken.

2. Palmin in einer großen, tiefen Pfanne erhitzen. Speck und Zwiebeln darin goldbraun braten. Dann das Hackfleisch nach und nach zugeben und unter ständigem Wenden Farbe annehmen lassen.

3. Die geputzten, feingewürfelten Paprikaschoten zugeben. Die Fleischbrühe angießen. 10 Minuten in der geschlossenen Pfanne schmoren. Dabei gelegentlich umrühren. Anschließend die gewürfelten Tomaten und die Bohnen zufügen.

3. Mit Salz, Pfeffer, Chilipulver und Paprika kräftig würzen und noch 20 Minuten köcheln lassen, davon 10 Minuten bei geschlossener Pfanne. Pikant abschmecken und anrichten.

☞ Dazu schmeckt Landbrot oder Stangenweißbrot.

SALSA-STICKS

Zutaten für 4 Personen

1 Packung TK-Blätterteig
1 kleines Glas Maiskölbchen
1 kleine Zucchini
200 g Schafskäse
Salz
Pfeffer
1 Eigelb

Howie von den Backstreet Boys:

»Wenn ich selber koche, ziehe ich orientalisches und spanisches Essen vor, bis auf Guacomole vielleicht. Die mache ich mir manchmal morgens als Brotaufstrich. Es gibt keine leckerere Art, Avocados zu essen. Aber im Restaurant liebe ich mexikanisch wegen der Stimmung.«

1. Den Blätterteig antauen und die Maiskölbchen abtropfen lassen.

2. Zucchini waschen, putzen und halbieren. Längs vierteln. Käse in 2 cm dicke Streifen schneiden. Gemüse und Käse leicht mit Salz und Pfeffer würzen.

3. Blätterteig nebeneinander legen und vorsichtig zu einer Platte ausrollen. In passende Stücke schneiden, mit Wasser einpinseln und die vorbereiteten Zutaten einzeln darin einwickeln. Die Kanten mit einer Gabel zusammendrücken.

4. Blätterteigstücke mit dem Eigelb bepinseln. Im vorgeheizten Backofen bei 200°C 20–25 Minuten backen.

☞ Dazu paßt Sancho's Dip.

SANCHO'S DIP

Zutaten für 4 Personen

150 g Frischkäse (60 % Fett)
1 EL Ahornsirup oder Honig
1 Glas Salsa hot
2–3 EL gehackte Petersilie

1. Frischkäse und Ahornsirup oder Honig miteinander verrühren.

2. Salsa hot hinzufügen und die Petersilie unterheben.

3. 20 Minuten kalt stellen.

RIPPCHEN »DIABLO«

Zutaten für 4 Personen

2 kg Spareribs
5 EL Salsa hot
4 EL Honig
1 TL Sojasauce
1 Schalotte
2 Knoblauchzehen
1 TL Paprikapulver
1 EL Olivenöl

1. Spareribs trockentupfen.

2. Salsa, Honig und Sojasauce verrühren, Schalotte und Knoblauch schälen. Schalotte fein hacken, Knoblauch pressen und beides mit Paprika und Öl unter die Sauce rühren.

3. Spareribs von beiden Seiten kurz angrillen, dann von beiden Seiten mit der Sauce bestreichen und so lange weitergrillen, bis sie richtig knusprig sind. Zwischendurch immer wieder mit der Sauce bestreichen.

☞ Zu frischen grünen Salaten servieren.

GEFLÜGELRÖLLCHEN »JUANITA«

Zutaten für 2 Personen

200 g Putenfleisch
2 Fleischtomaten
½ Bund Basilikum, feingeschnitten
Salz
Pfeffer
2 EL Olivenöl
1 Glas Salsa mild
200 g Champignons
250 g Mehl
3 Eier
1 Prise Zucker
Öl zum Ausbacken

1. Das Putenfleisch trockentupfen und in Würfel schneiden.

2. Fleischtomaten kreuzweise einschneiden und überbrühen. Haut abziehen, Tomaten halbieren und in feine Würfel schneiden.

3. Puten- und Tomatenwürfel vermengen, mit Basilikum, Salz und Pfeffer würzen. In einer Pfanne im Olivenöl andünsten und Salsa hinzufügen. Champignons putzen und in feine Scheiben schneiden, hinzufügen und alles 10–15 Minuten dünsten.

4. Aus Mehl, Eiern, 300 ml lauwarmem Wasser, ½ TL Salz und einer Prise Zucker einen Teig anrühren, dünne Pfannkuchen in Öl ausbacken, füllen und sofort servieren.

RÜHREI »FUEGO«

Zutaten für 2 Personen

6 Eier
2–3 Frühlingszwiebeln
5 schwarze Oliven
1 Tomate
1 grüne Paprikaschote
2 Knoblauchzehen
2 EL Olivenöl
3–4 EL Salsa mild
1 EL Petersilie, gehackt
1 EL Schnittlauch, in Röllchen
4–5 Stengel Kerbel, gehackt
Koriander
Salz
Pfeffer

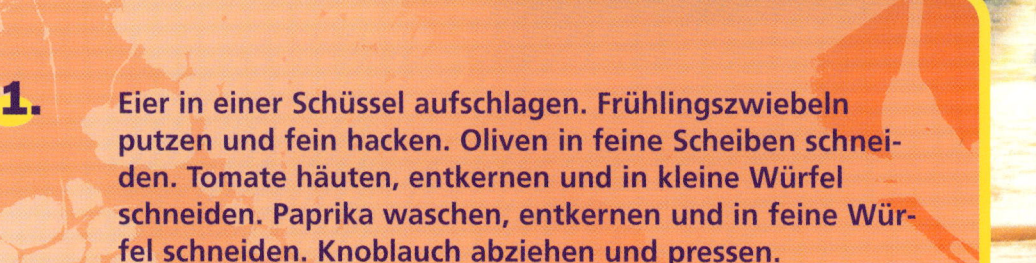

1. Eier in einer Schüssel aufschlagen. Frühlingszwiebeln putzen und fein hacken. Oliven in feine Scheiben schneiden. Tomate häuten, entkernen und in kleine Würfel schneiden. Paprika waschen, entkernen und in feine Würfel schneiden. Knoblauch abziehen und pressen.

2. Eier in eine Pfanne mit heißem Olivenöl geben und leicht anstocken lassen (darauf achten, daß sie noch genügend feucht sind). Gemüse-Knoblauch-Mischung unterheben, etwas stocken lassen.

3. 3–4 EL Salsa sowie die Hälfte der gehackten Kräuter hinzufügen und das Eiergemisch fertig stocken lassen.

4. Kräftig mit Koriander würzen. Mit Salz und Pfeffer abschmecken. Mit den restlichen Kräutern bestreuen.

☞ Tip: Auf Salatblättchen servieren und Salsa dazu reichen.

TACOS MIT TRUTHAHN-FÜLLUNG

Ben Boyce von Caught In The Act:

»Ich stehe total auf mexikanisches Essen, vor allem wenn es schön scharf gewürzt ist. Ich habe es in Kalifornien kennengelernt.«

Zutaten für 4 Personen

4 fertige Taco Shells

Füllung:
300 g Truthahnbrust
1 kleine Dose Kidneybohnen (250 g)
Salz
Pfeffer
Koriander
½ Becher Schmand
etwas Limettensaft
Honig
2 EL Öl
1 Eisbergsalat, in Streifen geschnitten
1 gelber Paprika, in dünnen Streifen
1 Glas Salsa hot

1. Die Truthahnbrust salzen und pfeffern. 2 EL Öl in der Pfanne erhitzen. Das Fleisch im heißen Öl von beiden Seiten ca. 10 Minuten bei mittlerer Hitze anbraten. Auf einem Küchenkrepp abtropfen lassen und in Streifen schneiden.

2. Die Kidneybohnen pürieren und mit Salz, Pfeffer und Koriander abschmecken. Den Schmand unterrühren und mit Limettensaft und Honig abschmecken.

3. Die Taco Shells mit der Öffnung nach unten auf ein Backblech setzen. Im Backofen bei 200°C 5 Minuten aufbacken.

4. Die Taco Shells schichtweise mit Bohnenpüree, Eisbergsalat, Truthahnfleisch und Paprikastreifen füllen.

5. Zum Schluß Salsa über die gefüllten Tacos geben.

TORTILLAS MIT HACK-BOHNENFÜLLUNG

Zutaten für 4 Personen

3 EL Öl
600 g Rinderhack
1 große Zwiebel
Salz
Pfeffer aus der Mühle
1 Dose (425 ml) geschälte Tomaten
1 Becher (150 g) Bresso Frischkäse Knoblauch
1 Dose (425 ml) Kidneybohnen
Cayennepfeffer
1 Bund Koriander
8 Tortillas (20 cm Durchmesser), tiefgefroren
2 EL Sanella

JC von 'N SYNC:
»Tex-Mex finde ich gut. Es ist mittlerweile eigentlich ein Teil vom American Fast Food geworden. Am liebsten mag ich die Gerichte im Hard-Rock-Cafe.«

1. Öl in der Pfanne erhitzen und das Hack darin krümelig braten. Zwiebeln pellen, fein würfeln, zufügen und ebenfalls anbraten. Mit Salz und Pfeffer würzen.

2. Tomaten abgießen, grob hacken und zum Fleisch geben. Solange schmoren lassen, bis die Flüssigkeit verdampft ist.

3. Den Frischkäse unterziehen und die Bohnen zufügen. Alles nochmals erhitzen und mit Salz, Pfeffer und Cayennepfeffer pikant abschmecken.

4. Koriander abspülen, trockenschütteln, bis auf einige Blättchen zum Garnieren fein hacken und unter die Bohnenpfanne heben.

5. Die Tortillas in der heißen Sanella in einer Pfanne kurz erhitzen, herausnehmen und die Bohnen-Hackfüllung in die Mitte geben. Die Tortillas aufrollen und ein Ende umschlagen. Nach Belieben mit einer Papierserviette umwickeln und mit Koriander garniert servieren.

RANCHERO-SALAT

Zutaten für 4 Personen

300 g Hühnerbrustfilet
Salz
150 g milder Schafskäse
1 Becher Schmand
Pfeffer
Koriander
½ Glas Salsa hot
150 g Langkornreis, gekocht
2 Tomaten, gewürfelt
1 kleiner Eisbergsalat, in Streifen
1 grüne Paprikaschote, gewürfelt
1 kleine Dose Mais
2 Orangen, filetiert

1. Hühnerbrustfilet in Salzwasser garen, abkühlen lassen und in Streifen schneiden. Schafskäse würfeln, mit Schmand vermischen und grob pürieren. Mit Pfeffer, Salz, Koriander und Salsa abschmecken.

2. Fleischstreifen, Reis, Tomaten und Salat miteinander vermengen. Paprikaschote und abgegossenen Mais hinzufügen.

3. Alles mit der Käse-Salsa-Sauce vermengen. 1 Stunde ziehen lassen. Mit Orangenfilets garnieren.

Desserts, Gebäck

In puncto Süßes sind die Boys Kinder geblieben. Wenn Waffeln, Desserts oder Snacks auf den Tisch kommen, werden sie zügellos und stopfen alles in sich hinein, was sie kriegen können. Nicht einmal die Schokolade des besten Kumpels ist vor ihnen sicher.

Zu Hause bei den Backstreet Boys. Das grünbezogene Sofa im Wohnzimmer und die Fernbedienung sind fest in Brians Hand. Wenn er mal so richtig abschalten will, holt er sich eine Coke aus dem Kühlschrank, besorgt sich leckeres Knabberzeug und zappt stundenlang durch die Kanäle. Zur Not tut es eine Tüte Popcorn. Aber lieber wartet er, bis das schnurlose Telefon klingelt und seine Mom Paula ihn fragt, was sie ihm zu essen machen soll. Wie wär's denn mal mit Nuß-Waffeln oder Kirschmuffins, Brian?!

Auch Lee von Caught In The Act liebt Süßes über alles – vor allem Kekse. Seine Erinnerung an krümelige Erlebnisse geht weit zurück: »Mein Bruder Jamie und ich hatten mal wieder wild miteinander herumgetobt. Dabei fiel der Fernseher um. Das Ding explodierte – und unser Vater auch. Er tobte vor Wut und schickte uns auf unser Zimmer. Nach ein paar Stunden kam meine Mutter, brachte uns ein paar Kekse und Milch und tröstete uns.« Noch heute findet Lee in bestimmten Situationen Trost mit Leckerkram – wenn er sich einsam oder überfordert fühlt oder wenn er auch einfach nur abspannen will – wie übrigens fast alle Menschen auf dieser Welt.

Kofi von Bed & Breakfast hat eine Schwäche für Schokolade. Schon als Kind machte es ihm nichts aus, eine ganze Tafel am Stück aufzuessen. »Wenn ich als Kind Schokolade in die Finger bekam, habe ich sie sofort aufgegessen, egal wie groß sie war. Im Adventskalender

Alles, was süß macht

Klar, zum Süßen nimmt man Zucker, meist weißen Zucker. Es gibt aber noch mehr natürliche Substanzen, die Speisen und Getränke süß machen. Die gebräuchlichsten sind brauner Zucker, Sanddornsirup, Birnendicksaft, Apfelkraut, Rübensirup, Ahornsirup und vor allem Honig.

zum Beispiel habe ich schon am ersten Tag die ganzen Schokoladensüßigkeiten aufgegessen und hinterher die Kläppchen wieder zugemacht.«

Am Anfang hatte er deswegen Ärger mit David. Wenn der sich mal Schokolade gekauft hatte, war sie im Nu von Kofi aufgegessen. So manche Rauferei entbrannte aus immer wieder dem gleichen Anlaß heraus. Allerdings hat David im Laufe der Zeit dazugelernt: Mittlerweile kauft er sicherheitshalber gleich zwei Tafeln.

Wie wild es zugehen kann, wenn man Boys auf ihren süßen Zahn fühlt, haben Mitarbeiter des englischen Pop-Magazins »Smash Hits« am eigenen Leib erfahren. Sie luden die Gruppe East 17 zum Eisessen auf den Rummel ein und erlebten einen der ausgeflipptesten Nachmittage ihres Lebens: »Diese Burschen stopften alles mögliche in sich hinein – sie konnten sich kaum entscheiden, was sie sich zuerst einverleiben sollten.« Terry soll den Exzess mit den Worten kommentiert haben: »Nein, nein – ich bin nicht auf Diät. Ich esse alles.«

B& Snacks

Man sollte annehmen, daß bei so viel Hunger auf Leckereien die Boys virtuose Kuchenbäcker und Dessert-Köche sein sollten. Irrtum! Die deutsche Pop-Zeitschrift »Poprocky« machte die Probe aufs Exempel und lud Bred & Breakfast zum Adventsbacken nach München ein. Die Redakteure trauten ihren Augen nicht: Die Jungs hielten sich an kein Rezept, sondern warfen fröhlich und ungeniert Butter, Eier, Zucker und Mehl in eine große Schüssel. »Geil, Smarties«, rief Florian, als er die bunten Schokoladenverzierungen sah, und er steckte sich erst mal eine Handvoll in den Mund. »Hey, die brauchen wir später noch«, lachte David und riß ihm die Packung aus der Hand. Kofi versuchte, seine Kumpels wieder an die Tagesordnung zu erinnern. »Fangen wir doch erst mal mit dem Teig an«, schlug er vor. Was dann passierte, würde jedem ernsthaften Konditor die Haare zu Berge stehen lasen: Im Nu verwandelte sich die Küche in ein Schlachtfeld. Hauptsache, das Ganze ist eine Mordsgaudi. Am Ende waren die Jungs selbst erstaunt, was für ein Chaos sie im Übereifer angerichtet hatten.

Ihr merkt schon: Desserts, Gebäck & Snacks halten die Boys nicht unbedingt für ihre Sache – zumindest, was die Herstellung betrifft. Und weil sie diese Einstellung haben, sind sie bei diesem Kapitel der Kochkunst auch eher Störfaktoren. Sie naschen die Schüsseln mit Teig und Cremischungen aus, daß nichts für den eigentlichen Zweck mehr übrigbleibt. Sie bekleckern alles mit Mehl und Zucker. Da hilft nur eins: Raus hier!

Die Lust auf Süßes vorm Schulausflug

Schelim Hannan von Worlds Apart verbindet ein eher peinliches Erlebnis mit Süßigkeiten. Er war damals ungefähr sieben Jahre alt und sollte mit seiner Klasse in den Zoo gehen. Er wohnte nur fünf Minuten von der Schule entfernt, so nah, daß er immer gern herumtrödelte. Und auch an diesem Tag war er spät dran, wollte sich aber unbedingt im Laden an der Ecke noch ein paar Schleckereien für den Ausflug kaufen. Also rannte er in den Laden, raffte seinen Lieblingsschleckerkram zusammen und stellte sich in die lange, lange Schlange an der Kasse. Denn morgens kauften sich immer alle Kinder noch schnell vor der Schule ein paar Bonbons. Das war er eigentlich gewohnt, aber an diesem Tag kam ihm die Schlange endlos vor, denn er mußte ganz schrecklich aufs Klo! Schelim: »Jetzt hatte ich zwei Möglichkeiten: Entweder ich lege meine Bonbons zurück, renne nach Hause aufs Klo und komm zu spät in die Schule, und zwar ohne Schleckereien. Oder ich presse die Beine zusammen und verdrücke es.« Leider war es schon zu spät. Mit nasser Hose stand er da und hat tapfer seine Bonbons bezahlt.

Bastiaan von Caught In The Act:

»Beim Thema Gebäck denke ich immer an mein »erstes Mal« mit Naomi. Es war unheimlich romantisch. Daran erinnere ich mich noch ganz genau. Es war im Mai 1989. Ich hatte einen Picknickkorb mit den verschiedensten Snacks und Knabbersachen gepackt, und wir haben einen wunderschönen Waldspaziergang gemacht. Auf einer wunderschönen Lichtung breitete ich dann die Picknickdecke aus, und wir begannen zu schlemmen. Irgendwann haben wir uns tief in die Augen geschaut, und es war klar, daß es passiert.«

Nuß-Waffeln

Zutaten für 4 Personen

200 g Butter
6 EL Zucker
5 Eier
200 g Mehl
¼ l Milch
Salz
50 g Haselnüsse, gemahlen
4 EL Puderzucker
40 g Butter zum Einfetten des Waffeleisens

1. Butter und Zucker in einer Teigschüssel mit dem Handrührer oder Schneebesen schaumig rühren.

2. Die Masse mit Eiern und Mehl verrühren. Milch, Salz und gemahlene Nüsse zufügen. Zu einem geschmeidigen Teig verrühren. Das Waffeleisen erhitzen und mit Butter einstreichen.

3. Den Teig mit einer Kelle auf die Waffelfläche gießen, das Waffeleisen schließen und die Nußwaffeln 3–5 Minuten goldbraun backen. Über die Waffeln Puderzucker sieben.

☞ Tip: Besonders lecker mit Honig und Konfitüre.

Daniel, Ex-Bandmitglied von Bed & Breakfast:

»Mit Mousse au chocolat verbinde ich eine ganz besonders erotische Erinnerung. Wir saßen mit der Clique zusammen und hatten Hunger auf was Süßes. Ein Mädchen und ich entschlossen uns spontan, Mousse au chocolat kaufen zu gehen. Auf dem Weg verliebten wir uns ein bißchen, und als wir unser Mousse hatten, landete ich mit ihr in einem Hauseingang. Wir wurden sehr zärtlich miteinander. Hinterher waren wir total mit Schokolade bekleckert ...«

Apfel

Vanille-Torte

Zutaten

8 kleine Äpfel (ca. 1 kg)
1 Packung Sanella Frische Teige »Mürbeteig«
¼ l Milch
¾ l Sahne
4 gestrichene EL Zucker
2 Päckchen Vanillepuddingpulver
2 Eigelb
4 EL gehobelte Mandeln

1. Die Äpfel schälen und das Kerngehäuse herausstechen.

2. Den Boden einer Springform (24 cm Ø) mit Backpapier auslegen. Den Mürbeteig zwischen Klarsichtfolie zu einem Kreis von 30 cm Ø ausrollen und so in die Form geben, daß ein Rand entsteht. Diesen Rand hochdrücken und formen, so daß er ca. 6 cm hoch wird.

3. Die Äpfel auf den Mürbeteigboden setzen.

4. Milch mit Sahne und Zucker in einen Topf geben. 8 Eßlöffel abnehmen und mit dem Puddingpulver und dem Eigelb glattrühren. Die Milch-Sahne zum Kochen bringen und vom Herd nehmen.

5. Das angerührte Puddingpulver gleichmäßig unterrühren und nochmals aufkochen lassen. Über die Äpfel verteilen. Mit Mandelblättchen bestreuen und im vorgeheizten Backofen (E-Herd: 180 °C /Gasherd: Stufe 2) auf der unteren Einschubleiste ca. 1 Stunde backen. Nach 45 Minuten eventuell abdecken, damit die Oberfläche nicht zu braun wird.

6. Die Apfel-Vanille-Torte zunächst in der Form auskühlen lassen, dann den Rand abnehmen und die Torte vom Springformboden nehmen.

Nick von den Backstreet Boys:

»Früher habe ich meiner Mutter wahnsinnig gern beim Plätzchenbacken zugesehen. Ich habe immer nur genascht.«

Zimtstangen

Zutaten für ca. 50 Stück

1 Packung Sanella Frische Teige »Cookies«
5 EL Milch
1 gehäufter TL gemahlener Zimt
20 g halbbittere Kuvertüre

1. Den Cookie-Teig mit der Milch und dem Zimt glattrühren.

2. Ein Backblech mit Backpapier auslegen. Den Teig ½ cm dick darauf verstreichen, eventuell an die Kanten eine gefaltete »Schiene« aus Alufolie setzen und im vorgeheizten Backofen (E-Herd: 200°C /Gasherd: Stufe 3) ca. 18 Minuten goldbraun backen.

3. Die Teigplatten noch heiß zu Stangen von ca. 1 cm x 6 cm schneiden.

4. Kuvertüre im heißen Wasserbad schmelzen, in eine kleine Spritztüte füllen, die Zimtstangen zickzackförmig damit garnieren und trocknen lassen.

Kirschmuffins

Zutaten für 12 Muffins

1 Glas Schattenmorellen (375 g Abtropfgewicht)
1 Packung Sanella Frische Teige »Rührteig«
50 g Schokoladenraspel
Sanella und Paniermehl für die Förmchen
12 Papiermanschetten

1. Die Kirschen auf einem Sieb sehr gut abtropfen lassen. Den Teig in eine Schüssel geben und die Schokoladenraspel rasch unterrühren. Die Sauerkirschen unterziehen.

2. 12 Muffinförmchen mit Sanella einfetten und mit Paniermehl ausstreuen. Jeweils 1 gehäuften Eßlöffel Teig hineingeben und auf der mittleren Schiene im vorgeheizten Bachofen (E-Herd: 200°C / Gasherd: Stufe 3) ca. 25 Minuten goldbraun backen.

3. Die Muffins in den Förmchen leicht abkühlen lassen, dann herausnehmen und auf einem Kuchengitter ganz erkalten lassen.

4. Die Kirschmuffins in Papiermanschetten setzen und servieren.

Doppelmoppel

Zutaten für 4 Personen

1 l Milch
1 Päckchen Schokopudding
1 Päckchen Vanillepudding
6 EL Zucker
3 EL Himbeersirup
Gartenfrüchte oder TK-Früchte

1. Den Schokopudding mit 3 EL Milch glattrühren. Knapp ½ l Milch kochen, 3 EL Zucker und den Pudding zugeben, aufwallen lassen und sofort vom Herd nehmen.

2. Pudding in kalt ausgespülte Portionsschüsselchen abfüllen und kalt stellen.

3. Nach gleichem Verfahren Vanillepudding kochen und über den festen Schokopudding gießen. Kalt stellen.

4. Kalten Pudding auf Servierteller stürzen. Mit den Früchten dekorieren.

Power-Drinks & Vitamin-

Sie sind lecker, leicht und frisch. Sie machen satt und geben dem Körper, was er braucht: reichlich Vitamine und Mineralstoffe. Die Boys lieben Mix-Getränke über alles. Sie sind eine willkommene Abwechslung zu purer Milch, Mineralwasser und Softdrinks.

Nur ein leises Gluckern war zu hören, als Cal Cooper Hagebuttenmark, Orangen- und Zitronensaft mit Aprikosensaft und Mineralwasser zusammenrührte. Er tat es ohne Tamtam, wie einer, der weiß, daß ihm Gutes gelingen wird. Als die gewagte Mischung fertig war, standen die anderen Worlds-Apart-Mitglieder Kopf: Ein neuer Vitamin-Cocktail war geboren. Schelim, Steve und Nathan waren begeistert. Sie tauften den Drink »Fruity Cal«.

Nicht jeder Drink gelingt dem Hobby-Mixer Cal auf Anhieb. Manchmal muß er ganz schön experimentieren, bis er die richtige Mischung findet. Wie Cal den Drink anlegt, hängt ganz von seiner Stimmung ab. Es gibt einfache Mixturen und raffinierte, aber auch solche, die einen gnadenlos vom Hocker hauen. Der Phantasie sind keine Grenzen gesetzt.

Moment – jetzt zieht keine falschen Schlüsse! Boys sind alles andere als geborene Barmixer. Cal, der lange in einem feinen Restaurant gearbeitet hat, ist mit seinem ausgefallenen Hobby eine Ausnahme. Die meisten seiner Kollegen verwöhnen sich und ihre Lieben schlichter. Sie kennen eigentlich nur Cola, Pepsi, Eistee, Sprite, Orangensaft, Milch oder Mineralwasser. Eher selten erlauben sie sich mal ein Bier, ein Gläschen Champagner oder einen Cola-Rum.

Cocktails sind absolute Ausnahmen. In Cocktail-Bars werden Geschäfte mit Plattenfirmen besiegelt, schmieden die Boys Zukunftspläne und beginnen eventuell Liebesaffären.

Wer in der Bar welchen Drink bestellt, hängt stark vom Typus ab. Barmänner wissen es meist schon, wenn jemand den Raum betritt. Die einen mögen's kunterbunt und mit Zitronensaft. Je farbiger, desto faszinierender. Das sind die Draufgänger. Die anderen lieben's milchig, am besten mit einem Schuß Sahne oder Kokosmilch. Das sind die Schüchternen. Eßpsychologen erklären die Vorliebe für cremige Drinks mit Sehnsucht nach der Mutterbrust.

Entstanden sind die Cocktails in Amerika. Wann und wo, das weiß niemand so genau. Dafür wuchern die Spekulationen um so wilder. Da heißt es, eine Barmaid namens Sally habe in ihrem Saloon die Getränke mit einer Hahnenfeder umgerührt. Hahn = Cock. Schwanz = Tail. Macht »Cocktail«. Klingt plausibel.

Beliebt ist auch die Variante vom Kneipier Allen, dem der beste Hahn entlaufen war, woraufhin er demjenigen, der ihm das Tier wiederbrächte, zur Belohnung die Hand seiner Tochter versprach. Derjenige, der den Hahn schließlich zurückbrachte, muß ein so prachtvoller Bursche gewesen sein, daß die Wirtstochter vor Aufregung lauter bunte Säfte, Schnäpse und Liköre in einem Glas zusammenschüttete. Klingt nicht so überzeugend, oder?

Cocktails

Am wahrscheinlichsten erscheint die Geschichte des französisch-stämmigen Apothekers in New Orleans, der seine selbstgemischten Magenbitter als sogenannte »Coquetiers« verkaufte. Daraus machte die englische Zunge den Cocktail.

Diese Anekdoten machen deutlich: Die klassischen Cocktails enthalten Alkohol, und zwar in solch gnadenlosen Zusammenstellungen, daß einem schon nach dem ersten Schluck schummerig werden kann.

Wir halten uns an dieser Stelle lieber an 'N SYNC: No alcohol, please! Selbst in der Cocktail-Bar bestellen die Jungs aus Orlando nur alkoholfreie Früchte-Drinks. Die sind natürlich am gesündesten, vor allem, wenn sie mit frischgepreßten Säften gemixt werden. Dabei wird der Körper besonders schnell mit den lebenswichtigen Nährstoffen versorgt. Essen leichtgemacht.

Gerührt oder geschüttelt?

Beides kann richtig sein – je nach Rezept. Für Rühr-Cocktails verwenden Barmixer ein »Rührglas«, einen dickwandigen, stabilen Behälter, der etwa 1 Liter faßt. Mit einem langstieligen »Barlöffel« verrühren sie die Mixtur und seihen sie anschließend durch ein »Barsieb« ab. Schüttel-Cocktails werden in einem »Shaker« zusammen mit Eiswürfeln geschüttelt. Anschließend durch ein Barsieb gießen.

JC von 'N SYNC:

»Zugegeben, beim Anblick einer Margarita (Limettensaft, Tequila und trockener Sekt) im Hard Rock Cafe läuft mir manchmal das Wasser im Mund zusammen. Es sieht halt unheimlich lecker aus und riecht auch so. Aber ich nehme meine Vorsätze ernst: Kein Alkohol!«

Birnenbowle mit Zitronenmelisse

Zutaten für 1 Bowle

3 Beutel Zitronenmelissentee
5 grüne Birnen
1 Salatgurke
5 EL Zucker
1 unbehandelte Zitrone
750 ml Birnensaft
1 Bund frische Zitronenmelisse
¼ l Mineralwasser

1. Zitronenmelissentee mit ½ l kochendem Wasser überbrühen, 10 Minuten ziehen lassen.

2. Birnen waschen, halbieren, putzen. Gurke schälen. Mit dem Kugelausstecher aus Birnen und Gurke Kugeln ausstechen, in ein Bowlengefäß geben, mit Zucker bestreuen.

3. Zitrone waschen, in dünne Scheiben schneiden, auf die Kugeln legen. Abgekühlten Tee zugeben, Bowle abdecken und 2 Stunden ziehen lassen.

4. Birnensaft zugeben. Abgezupfte Zitronenmelisseblättchen in die Bowle geben und kaltstellen.

5. Kurz vor dem Servieren mit kaltem Mineralwasser aufschäumen.

Steve von Worlds Apart:

»Manchmal lade ich so ein Girl (Fan) zu einem Cocktail ein. Wir trinken etwas zusammen, unterhalten uns, aber mehr auch nicht.«

Vanille-Drink mit Kirschen

Zutaten für 1 Drink

2 Kugeln Vanilleeis
1 Msp. Vanillemark
80 ml Buttermilch
50 ml Kirschsaft
einige Kirschen (frisch oder aus dem Glas)
Minzeblättchen
1 Strohhalm

1. Vanilleeis mit Vanillemark und Buttermilch im Mixer schaumig rühren und in ein hohes Glas füllen.

2. Den Kirschsaft spiralenförmig auf den Vanille-Drink gießen (ein Teil des Saftes sinkt nach unten, oben entsteht ein kleines Muster).

3. Die Kirschen abwechselnd mit den Minzeblättchen auf ein Holzstäbchen stecken und den Drink damit garnieren. Einen Strohhalm dazugeben.

Würzige

Terry von East 17:

»Cocktails? Klar. Zum Beispiel, wenn ich mit Paola ausgehe und wir uns so richtig verwöhnen lassen wollen. Vor allem aber auch, wenn man nach dem Konzert noch mit Fans feiern geht. Ehrlich gesagt, würde ich keinem Mädchen raten, zu leichtfertig mit den alkoholhaltigen Drinks umzugehen. Sie verliert sonst zu leicht die Kontrolle über das, was weiter geschieht.«

Johannisbeer-granité

Zutaten für 1 Drink

100 ml roter Johannisbeernektar
1 Prise Kardamom
1 Prise gemahlener Zimt
125 ml Apfelsaft
1 Limettenscheibe
1 rote Johannisbeer-Rispe

1. Den Johannisbeernektar mit den Gewürzen verquirlen und ins Tiefkühlfach stellen.

2. Wenn der Saft gefroren ist, mit einem scharfkantigen Stahllöffel stückig stoßen und in ein Glas geben.

3. Die Granité mit dem Apfelsaft aufgießen, eine Limettenscheibe obenauf legen und mit einer Johannisbeer-Rispe am Glasrand servieren.

Nathan von Worlds Apart:

»Ich liebe Cocktails über alles. Zu meinem letzten Geburtstag habe ich eine Cocktail-Party gegeben. Mein Lieblingsdrink ist Tequila Sunrise: Orangensaft mit Grenadinesirup und Tequila. Man kann den Tequila übrigens auch einfach weglassen.«

ERRÖTENDE APRIKOSE

Zutaten für 1 Drink

Zitronenbasilikum oder -melisse
1 EL Zitronensaft
60 ml Aprikosensaft
fein abgeriebene Schale einer unbehandelten Zitrone
1 Kugel Aprikosen- oder Vanilleeis
30 ml Kirschsaft
einige rote Früchte (frisch oder aus dem Glas) und/oder Aprikosenfrüchte

1. Mit kleingehacktem Zitronenbasilikum oder Zitronenmelisse, gemischt mit einigen Tropfen Zitronensaft, wird ein Zuckerrand erstellt: Glasrand zuerst in Kräuter-Zitrone tauchen und dann in Zucker.

2. Aprikosensaft, Zitrone und Aprikoseneis mit dem Mixer, Handrührgerät oder Pürierstab gut schaumig rühren und in ein hohes Glas füllen.

3. Mit Hilfe eines Strohhalms den Kirschsaft in die Mitte des Drinks laufen lassen.

4. Rote Früchte, Aprikosenhälften und grüne Blättchen zur Verzierung auf einen Strohhalm pieken, auf das Glas legen und sofort servieren.

SUPER

Punsch nach der Irrfahrt

Diesen Drink wird Eloy von Caught In The Act niemals vergessen. Es passierte beim Skilaufen mit einem Freund in Tirol. Sie fuhren den ganzen Tag eine Abfahrt nach der anderen und waren schon total müde, als sie gegen drei Uhr beschlossen, hinab ins Tal zu fahren. Doch da kam ein so schlimmer Nebel auf, daß sie den Lift, der sie zur Talabfahrt bringen würde, nicht fanden. Schnell wurde es dunkel. Nicht auszudenken, was passiert wäre, wenn nicht ein Mädchen, eine sehr gute Skifahrerin, ihnen den Weg gezeigt hätte. Hinterher tranken sie gemeinsam einen heißen Punsch. Eloy: »Ich fühlte mich nach dieser Anstrengung wie im siebten Himmel.«

MAN

Zutaten für 4 Personen

0,5 l Milch
100 g Traubenzucker
200 g Himbeeren
50 g Frischkäse
6–8 Pflaumen oder Reineclauden,
in Spalten geschnitten

1. Zutaten in der Milch im Mixbecher zerkleinern und gut mischen.
2. Mit den Pflaumen bzw. Reineclauden garnieren.

REGISTER

Antipasti 60
Apfel-Vanille-Torte 92
Asiatische Hähnchenschenkel 38
Asiatische Teigtaschen 34
Asiatische Yofresh-Röllchen 30
Bandnudeln mit Brunch-Knoblauchsauce 62
Birnenbowle mit Zitronenmelisse 100
Chili con Carne 78
Cordon bleu 43
Denver-Kartoffeln mit Ei-Kräutercreme 74
Doppelmoppel (Dessert) 97
Eierrollen mit Gemüsefüllung 24
Errötende Aprikose (Vitamin-Drink) 106
Fischburger, gegrillte 70
Fleischspieß, bunter 68
Frühlingsrollen 32
Geflügelröllchen »Juanita« 83
Gemüse-Omelett 22
Gemüsepfanne, bunte 16
Hamburger 72
Hähnchenflügel, gegrillte, mit Gemüsesauce 66
Johannisbeergranité, würzige 104
Kartoffel-Broccoli-Auflauf 15
Kartoffeln, gefüllte 14
Kirschmuffins 96
Makkaronisalat 20
Nuß-Waffeln 90
Pilz-Speck-Eierkuchen 26
Pizza Hawaii 58
Putenschnitzel süß-sauer 36
Ranchero-Salat 87
Rinderfiletgeschnetzeltes mit Paprika und Chili 50
Rindersteaks mit Tomaten und Käse überbacken 46
Rindfleischklößchen mit Joghurtsauce 48
Rippchen »Diablo« 82
Rührei »Fuego« 84
Salsa-Sticks mit Sancho's Dip 80
Sommer-Salat 17
Superman (Milchmixgetränk) 108
Tacos mit Truthahnfüllung 85
Tagliatelle mit Auberginen und Tomaten 56
Tomaten-Tortellini in Knoblauchsauce 54
Tortillas mit Hack-Bohnenfüllung 86
Vanille-Drink mit Kirschen 102
Wiener Schnitzel 42
Wirsing, gratinierter, mit Speck 44
Ziegenkäse, überbackener 13
Zimtstangen 94